Why? 과학

SCIENCE
초등과학학습만화
COMIC

Why? 소프트웨어와 코딩

예림당

Why? 소프트웨어와 코딩

2015년 12월15일 1판1쇄 발행
2017년 6월20일 1판11쇄 발행

회장 | 나춘호
펴낸이 | 나성훈
펴낸곳 | (주)예림당
등록 | 제2013-000041호
주소 | 서울특별시 성동구 아차산로 153
구매 문의 전화 | 전략마케팅 561-9007
팩스 | 전략마케팅 562-9007
책 내용 문의 전화 | 3404-9220
http://www.yearim.kr
ISBN 978-89-302-1955-6 74400
ISBN 978-89-302-0281-7 (세트)

STAFF

내용을 꼼꼼히 감수해 주신 분

송상수

소프트웨어교육연구소 소장을 거쳐, 현재 엔트리교육연구소 수석연구원으로 있으면서 소프트웨어 교육과 관련된 다양한 활동을 하고 있습니다. 주요 활동으로는 EBS '소프트웨어야 놀자' 방송 기획·강의, 교육부 SW교육 선도교원 연수 교재 집필·강의, 교육부 SW교육 원격연수 개발, EBS 소프트웨어 교육 원격연수 개발·강의 진행 등이 있습니다. 이 외에 '소프트웨어야 놀자' 교사용 지도서를 집필했습니다.

밑글을 재미있게 써 주신 분

조영선

만화 창작집단 '퍼니C'에서 스토리, 콘티 및 기획 작가로 활동하고 있습니다. 주요 작품으로 〈Why?〉 과학 시리즈 〈화학, 물리, 빛과 소리, 해부학, 생활안전〉, 인문사회교양 시리즈 〈음악, 언어와 문자, SNS〉 등이 있으며 세라믹연구원, 한국표준과학연구원, 시흥시청의 홍보 만화와 〈팩맨의 스포츠 과학〉 〈서바이벌 경제왕〉 등도 있습니다.

E-mail : ysuny2@hanmail.net

재미있는 만화를 그려 주신 분

이영호

만화 창작집단 '퍼니C'에서 그림 작가로 활동하고 있습니다. 주요 작품으로 〈Why?〉 과학 시리즈 〈화학, 물리, 빛과 소리, 해부학, 생활안전〉, 인문사회교양 시리즈 〈음악, 언어와 문자, SNS〉 등이 있으며 세라믹연구원, 한국표준과학연구원, 시흥시청의 홍보 만화와 〈팩맨의 스포츠 과학〉〈서바이벌 경제왕〉 등도 있습니다.

E-mail : kaljebi05@naver.com

출판콘텐츠개발본부 이사 | 백광균
책임개발 | 전윤경 / 서인하
디자인 | 이정애 / 강임희 김지은 백지현
사진 | 김창윤 / 이건무
국제업무 | 김대원 / 최고은 김혜진
제작 | 정병문 / 신상덕 곽종수 홍예솔
홍보마케팅 | 박일성
전략마케팅 | 채청용 / 김희석 임상호 전훈승 / 전기남 최순예 김종석 전주환
김충원 안민혁 오혜민 진혜숙 박가영 한수현 전다미

Why?

소프트웨어와 코딩을 내면서

알고 보면 우리는 컴퓨터 프로그램, 즉 소프트웨어에 둘러싸여 있습니다. 컴퓨터는 물론 스마트폰, 전기밥솥, 엘리베이터, 신호등, 자동차 같은 생활 속 기기들은 소프트웨어가 있어야 작동하거든요. 뿐만 아니라 대부분의 산업이 점차 자동화되면서 소프트웨어가 쓰이는 곳이 더욱 확대되고 있습니다.
선진국에서는 이런 소프트웨어의 중요성을 인식하고 수년 전부터 소프트웨어를 만드는 코딩 수업을 하고 있습니다. 자연 현상을 알기 위해 과학을 배우는 것처럼 소프트웨어를 알고 만들기 위해 코딩을 배우는 것이지요. 머지않아 코딩은 디지털 세상을 살아가는 데 필요한 기본 상식이 될 것입니다.
어린이들도 쉽게 코딩을 할 수 있는 스크래치나 엔트리 같은 프로그램이 있습니다. 블록 쌓기를 하듯 명령어 블록을 연결해 프로그램을 만들 수 있지요. 명령어 블록을 어떤 순서로 놓을지 궁리하고, 문제를 해결할 아이디어를 찾다 보면 논리적으로 생각하는 힘과 창의력이 길러집니다.
논리적인 사고, 창의적인 생각, 문제 해결 능력은 비단 소프트웨어를 만드는 데만 국한되는 것이 아니라 다양한 분야의 경쟁력을 기르는 데 도움이 됩니다. 그래서 코딩 교육이 더욱 주목 받고 있는 것이지요.
여태껏 다른 사람이 만든 소프트웨어를 사용하기만 했나요? 이제 여러분도 코딩을 시작해 보세요. 이 책이 여러분의 잠재력을 깨우는 데 좋은 자극이 될 것입니다.

*부모님이 함께 읽고 지도해 주시면 더욱 좋습니다.

*페이지 아래쪽에 있는 QR코드로, 코딩 과정을 담은 동영상을 확인해 보세요.
예림당 홈페이지 〈Why? 소프트웨어와 코딩〉 도서 소개 페이지에서도 QR 동영상을 확인할 수 있어요.
*스크래치 사이트의 [yearimdang] 스튜디오에서 완성된 코딩 프로젝트를 볼 수 있어요.
https://scratch.mit.edu/users/yearimdang/

CONTENTS

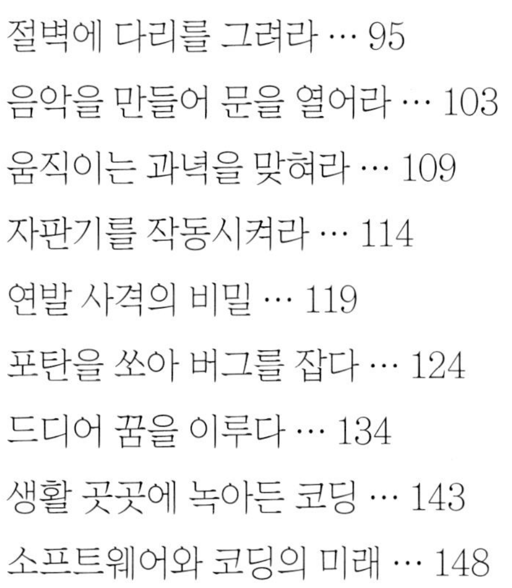

Why?

과학을 잘하고 싶다면 우리 주변의 모든 것에

'왜?'라는 질문을 던져 보세요.

과학은 아주 작은 호기심에서 출발합니다.

CHARACTER

꼼지

아이디어가 풍부하고
호기심이 많은 소년.
프로그래머인 삼촌이
만든 게임 속에 들어가
오류를 바로잡는다.

엄지

삼촌이 만든 게임인
코디니시아에 나오는
주인공 소녀.
평범하지만 긍정적인
태도로 자신의 꿈을
이루기 위해 노력한다.

호야

코디니시아에서 엄지를
수호하는 듬직한 원숭이 기사.
엄지와 함께 보물을 찾아
모험을 떠난다.

삼촌

꼼지의 삼촌이자
순수한 마음을 가진
프로그래머. 아이들에게
도움이 되는 좋은
프로그램을 만들려고
노력한다.

생명을 불어넣는 소프트웨어

80
10
이얍! 마지막 한방이다!
타앗
탓

음….
우히히! 이겼다.
아깝다! 이길 수 있었는데.
웅성
웅성
이번엔 나랑 붙자!

우아, 이 게임 정말 재밌다!
탁
타
탁
탁

뭔데? 무슨 게임인데?
관심 갖게 하는 데는 성공!
한번 해 볼래?

뭐야? 글자가 왜 이렇게 많아? 읽기 귀찮게.
헉!

막상 해 보면 되게 재밌어. 공부도 되고.
야, 게임하면서까지 무슨 공부냐?
맞아, 게임은 즐기려고 하는 거라고.
스윽

아직도 저런 게임을 만드는 사람이 있네.
키득
키득
또 실패야.

흥! 삼촌이 만든 게임이 얼마나 재미있는데.

삼촌! 집에 있어요?
고시텔

어째 여긴 올 때마다 점점 좁아 보이지?
끼익
왔어?

또
라면이에요?

우리 집에 와서
밥 드시라니까요!
괜찮아! 나
라면 좋아해.

그나저나 항상 미안.
조카가 놀러 와도 밥
한 번 못 사 주네.
됐고요, 삼촌이나
잘 챙겨 드세요.

나중에 프로그래머로 성공하면
그때 비싼 거 사 주세요.
크흡,
역시 우리
조카뿐이야!

그런데 삼촌은
왜 프로그래머가
됐어요?
음…, 세상을 바꿀
획기적인 프로그램을
만들고 싶달까?

혹시 '스티브
잡스'라고 알아?
그럼요,
잘 알죠.

애플 컴퓨터를 세웠잖아요. 스마트폰, 태블릿 PC도 널리 퍼뜨렸고요.

오, 정말 잘 알고 있네.
돌아가신 날도 기억나요.

그럼 일주일 뒤에 돌아가신 '데니스 리치'는 알아?
처음 듣는 이름인데요?

스티브 잡스처럼 널리 알려지진 않았지만, 누구나 쉽게 컴퓨터를 쓸 수 있게 만든 중요한 사람이야.
컴퓨터는 그냥 쓰면 되는 거 아니에요?

똑같은 컴퓨터 3대가 있다고 생각해 봐.

컴퓨터가 게이머, 만화가, 소설가에게 팔렸다면, 저마다 다른 용도로 쓰이겠지?
게이머
만화가
소설가
탁
타닥
슥슥
타
닥

그렇죠. 스마트폰도
어떤 앱을 쓰는지에 따라
용도가 달라지잖아요.

맞아. 그래서 난 컴퓨터는
하드웨어보다 소프트웨어가
중요하다고 생각해.
하드웨어?
소프트웨어?

하드웨어와 소프트웨어

하드(hard)는 '단단하다', 소프트(soft)는 '부드럽다'는 뜻이다. 즉, 하드웨어는 눈에 보이는 컴퓨터의 기계 장치를 의미하고, 소프트웨어는 컴퓨터를 쓸 수 있게 만들어 주는 운영 체제와 다양한 프로그램을 말한다.

소프트웨어,
즉 프로그램을 만드는 것을
'프로그래밍', 이런 작업을 하는
사람을 '프로그래머'라고 해.

하드웨어

본체
모니터
키보드
마우스

소프트웨어

시스템 소프트웨어
컴퓨터를 사용할 때 기본적으로 필요한 윈도우, 유닉스 같은 운영 체제와 언어 번역 프로그램 등이 있다.

응용 소프트웨어
음악, 게임, 문서 작성 등 특정한 기능을 수행하는 프로그램이다. 응용 프로그램이라고도 한다.

윈도우(Windows 10) 화면

소프트웨어에 어떤 아이디어를 담느냐에 따라 하드웨어의 쓰임이 많이 달라져.
톡 톡

전기밥솥, 신호등, 가로등, 자동차 등도 모두 소프트웨어가 있어야 작동해.
그러면…

소프트웨어가 하드웨어에 생명을 불어넣는 거네요!

그렇지! 난 지금의 발전된 컴퓨터 문명도 소프트웨어가 이루었다고 봐. 소프트웨어를 만드는 프로그래머가 세상을 변화시킨다는 말씀!

그래서 프로그래머가 되셨구나.

그럼 데니스 리치는 유명한 프로그래머예요?

땡!

데니스 리치는 컴퓨터 언어인 'C언어'를 만든 분이야. 즉, 프로그래밍 언어를 만든 분이지.

컴퓨터 언어요?

* 프로그래밍 언어 : 프로그램을 만들기 위해 사용하는 컴퓨터 언어

컴퓨터와 대화하라

언어라면 한국어,
영어, 중국어 같은
거요?
안녕하세요?
Hello
你好
응. 우리는 둘 다
한국어를 아니까
대화할 수 있어.
6월

그런데 미국 사람을 만나면
어떨까? 영어를 모르면
의사소통을 할 수 없겠지?
네, 상상만
해도 떨려요.

사람이 컴퓨터와 소통하려면
컴퓨터가 알아들을 수 있는
컴퓨터 언어를 써야 해.
아하!

초기의 컴퓨터인 에니악(ENIAC)은 컴퓨터에 명령을 내리려면 기계에 붙어 있는 수많은 전기 회로를 직접 바꿔 끼워야 했다.

230번 전기 회로를
210번으로.
410번을
502번으로.

하지만 전기 회로를 일일이 바꾸는 건 전문가가 아니면 엄두도 못 낼 고된 작업이었다.
헉
어우, 복잡하고 힘들어!
헉헉

우아, 정말 힘들었겠어요.
그래서 컴퓨터와 대화할 수 있는 언어가 생겨난 거야.

초기의 컴퓨터

에니악 1946년에 개발된 컴퓨터로 무게가 30톤이었다. 6천 개에 이르는 전기 회로를 일일이 바꿔 줘야 하는 외부 프로그래밍 방식이라 제약이 많았다.

에드삭 1949년에 개발된 최초의 프로그램 내장 방식 컴퓨터이다. 기억 장치에 프로그램을 저장한 뒤 정해진 순서대로 실행하는 방식으로 사용이 훨씬 편리했다.

그런데 컴퓨터는 명령을 어떻게 이해해요? 복잡하고 어려울 것 같아요.
아냐, 컴퓨터 언어는 생각보다 간단해.
스윽

어차피 컴퓨터는 0과 1의 두 신호만 구분하거든.

에이, 못 하는 게 없는
컴퓨터가 0과 1밖에
모른다고요?
0과 1을
무시하지 마.

알고 보면 수학도
'있다'와 '없다'에서
시작됐어.
정말요?
있으면 1,
없으면 0.

초기의 수학은 하나에 하나를 더 하는 것이었다.
하나, 하나,
하나….

그것이 덧셈, 뺄셈, 곱셈, 나눗셈의 사칙연산을 만들었고,
15개를 3개씩
나누면 5명이
똑같이 나눠
가질 수 있어.

그로 인해 다양한 수와 공식들이 만들어지게 되었다.
공식을
적용하면….

그래도 0과 1로 어떻게
다양한 수를 나타낼 수
있는지 모르겠어요.
자, 이것
좀 볼래?
털
썩

일상에서는 보통 0에서 9까지,
10개의 숫자로 수를 나타내.
이걸 십진법이라고 해.
0→1→2→3→4→5
→6→7→8→9

그런데 컴퓨터에서는 0과 1만 사용하는
이진법을 써. 1 다음이 2가 아니라 10(일영)이
되는 거야. 이진법에서는 이런 식으로
다양한 수를 나타낼 수 있어.
0→1→10→11→100
→101→110→111

0과 1의 이진법으로 나타낸
정보는 바이너리(binary)라고 해.
컴퓨터는 이 바이너리로 정보를
인식하고 표현하거든?
그래서
바이너리는
컴퓨터의 언어,
기계어라고 해.

컴퓨터는 회로에 전기가 통한다(1), 통하지 않는다(0)의 두 가지 신호로 작동하기 때문에 이진법 형식의 정보가 필요하다. 이러한 기계어는 컴퓨터가 직접 이해할 수 있다.
뉴스를
검색해 줘.
기계어로
얘기하라고.

혹시 16비트,
32비트라는 말
들어 봤어?
네, 그런데
무슨 말인지는
잘 몰라요.

비트(bit)는 정보를
표현하는 최소 단위야.
불을 켜고 끌 수 있는
램프의 수를 말해.
팟
딸깍

1비트는 램프 1개로 나타내며, 1인지 0인지를 표현한다. 2비트는 램프 2개, 3비트는 램프 3개로 나타낸다.

1비트

불이 켜지면 1

불이 꺼지면 0

2비트

3비트

사실 램프로 수를 나타내는 가장 간단한 방법은 나타낼 수만큼 불을 켜는 것이다. 그런데 이런 방식을 쓰면 수가 커질수록 램프의 수도 엄청나게 늘어난다.

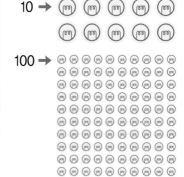

10 →

100 →

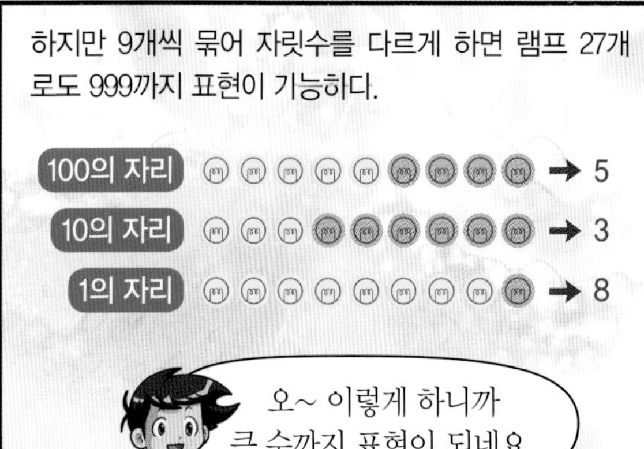
하지만 9개씩 묶어 자릿수를 다르게 하면 램프 27개로도 999까지 표현이 가능하다.
100의 자리 → 5
10의 자리 → 3
1의 자리 → 8
오~ 이렇게 하니까 큰 수까지 표현이 되네요.

전자시계는 더 적은 수의 램프로 수를 표현해.
어떻게요?
스윽

전자시계는 각 자리에 7개의 램프를 놓고 불을 켜고 꺼서 숫자 모양을 만드는 방식을 사용한다. 21개의 램프로 999까지 나타낼 수 있다.

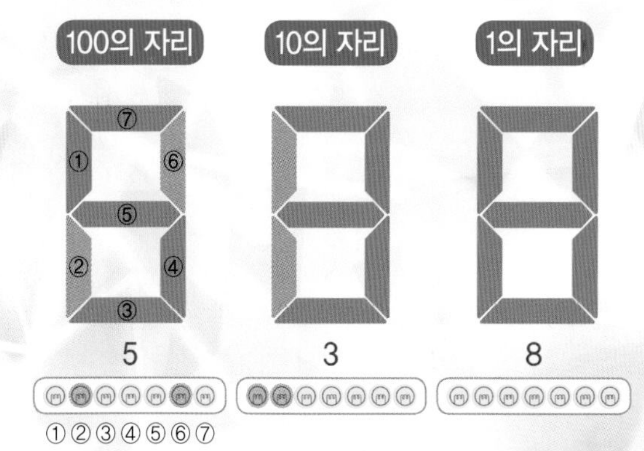
100의 자리
10의 자리
1의 자리
⑦
①
⑥
⑤
②
④
③
5
3
8
①②③④⑤⑥⑦

주판 모양으로 램프를 배열하면 램프 15개만으로 999를 나타낼 수 있다. 주판은 윗알이 5, 아래알이 1을 나타낸다.

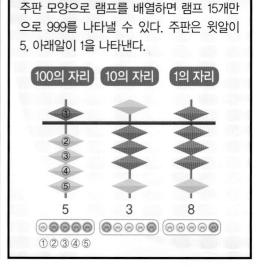

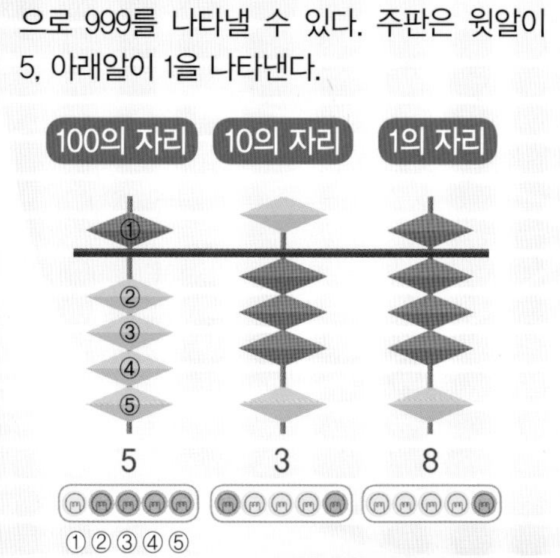
100의 자리
10의 자리
1의 자리
①
②
③
④
⑤
5
3
8
①②③④⑤

램프 개수로 따지면 전자시계보다 주판이 더 효율적이지?
척
그렇네요.

하지만 이진법을 사용하면 램프 10개로 1000이 넘는 수를 나타낼 수 있어.
10개로요?
띡
팟

이진법으로 표현할 수 있는 수

십진법에서는 자릿수가 1, 10, 100, 1000…으로 올라간다. 한 자리씩 올라갈 때마다 자리의 값이 10배씩 커지는 것이다. 반면 0과 1만 쓰는 이진법에서는 한 자리씩 올라갈 때마다 자리의 값이 2배씩 커져서, 자릿수가 1, 2, 4, 8, 16…으로 올라간다. 이런 이진법을 사용하면 3개의 램프(3비트)로 7까지, 10개의 램프(10비트)로 1023까지 나타낼 수 있다. 램프 수를 늘릴수록 더 많은 수의 표현도 가능하다.

2배
1 1 1(2)
4의 자리
2의 자리
1의 자리

3비트로 나타낼 수 있는 수

3개의 램프, 즉 3비트로는 0에서 7까지, 총 8가지의 수를 나타낼 수 있다.

램프	● ● ●	● ● ○	● ○ ●	● ○ ○
이진법의 수	0 0 0(2)	0 0 1(2)	0 1 0(2)	0 1 1(2)
십진법의 수	0	1	2	3

램프	○ ● ●	○ ● ○	○ ○ ●	○ ○ ○
이진법의 수	1 0 0(2)	1 0 1(2)	1 1 0(2)	1 1 1(2)
십진법의 수	4	5	6	7

*이진법의 수를 십진법의 수로 바꾸려면 이진법의 수에 각 자리의 값을 곱해서 더하면 된다.
예) 111(2) = 1×4 + 1×2 + 1×1 = 7

그럼 삼촌도 0과 1로 프로그램을 만들어요?
아니, 기계어는 너무 어려워.

나는 주로 C언어를 써.
어?

* 이진법의 수는 101(2) 처럼 숫자 뒤에 '(2)'를 작게 붙여 나타낸다.

영어잖아요? 기계어랑은 다른데요?
이건 3세대 언어야. 고급 언어라고 해.

실생활에서 사용하는 언어와 비슷하게 만든 컴퓨터 언어야.
if(만약에 ~라면)
어떤 조건을 만족하거나 만족하지 않을 때 실행되도록 하는 명령어
print(출력하다)
결과를 모니터 화면에 나타내는 명령어
return(되돌아가다)
프로그램을 마무리하고 운영 체제에 종료 신호를 보내는 명령어

프로그래밍 언어의 역사

1세대 언어
0과 1의 2진수로 된 기계어.

으악, 너무 복잡해!

2세대 언어
기계어를 영문, 숫자 등의 기호로 대신한 언어. 기계어를 이해해야 사용할 수 있다. (어셈블리어)

좀 낫네.

3세대 언어
문자 형식으로 된 언어. 고급 언어라고도 한다. (FORTRAN, COBOL, BASIC, C 등)

명령어가 영어라 쉽다!

4세대 언어
비전문가도 손쉽게 배우고 사용할 수 있어 생산성이 높은 언어. (C#, Java 등)

일주일 만에 완성!
프로그래밍 언어는
점점 사용하기 쉽
발전했어.

중학생 때 C언어를 배웠는데 재미있어서
프로그래머가 되기로 마음먹었어. 그래서
C언어를 만든 데니스 리치를 가상 존경해.
띠리리
띠리리리
그림과
음악을
만들었어!

C언어

1971년에 미국 벨 연구소의 데니스 리치가 개발한 프로그래밍 언어이다. 유닉스 운영 체제를 위해 개발된 것이지만, 프로그래밍이 쉬운 편리한 언어라 윈도우즈, IOS 등 대다수의 운영 체제가 C언어를 기반으로 만들어졌다. 최신 프로그래밍 언어와 소프트웨어도 C언어에 뿌리를 두고 있다.

데니스 리치

컴퓨터는 기계어만
이해한다면서요?
C언어는 기계어가
아니잖아요.
오, 좋은 질문!

너 최근에 삼촌이랑
프랑스 영화 봤잖아?
네! 정말
재미있었어요.

배우들은
프랑스 말을 했는데
어떻게 이해했지?

얘야, 지금 장난
한글 자막이
있었으니까요.

바로 그거야, 번역!
C언어로 프로그램을 만들고,
기계어로 번역하는 거야.
아하!

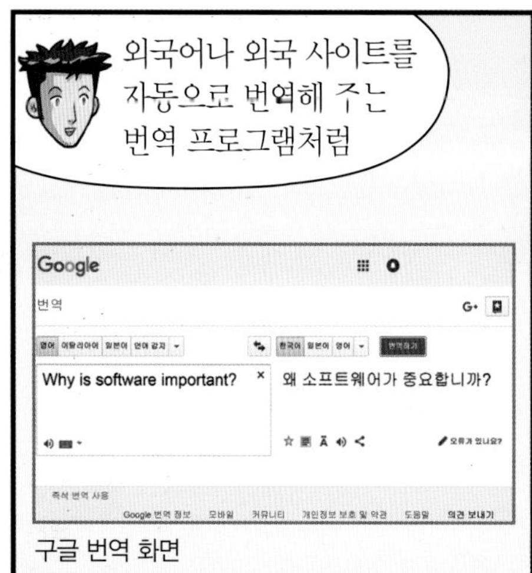
외국어나 외국 사이트를
자동으로 번역해 주는
번역 프로그램처럼
Google
번역
Why is software important?
왜 소프트웨어가 중요합니까?
구글 번역 화면

C언어 같은 고급 언어로 만든 프로그램을
기계어로 번역하는 걸 컴파일, 번역해 주는
프로그램을 컴파일러라고 해.
That is…
그것은…
고급 언어
(프로그래머)
컴파일러
(통역사)
기계어
(컴퓨터)

컴퓨터가 프로그램을 이해하는 방식

나는 아무
생각이 없다.
암튼, 나 없음
아무것도 못
한다니까.
오케이,
알아들었어!
0010 0011 1000 1100
1000 0110 0100 1001
0100 1001 0001 0101

컴퓨터는 빠르고 정확한 기계지만 스스로는 아무 일도 할 수 없다. 어떠한 지시를 받아야만 작동한다.

프로그래머는 다양한 프로그래밍 언어로 명령어를 하나하나 작성해 프로그램을 만든다.

컴퓨터는 컴파일러를 통해 프로그램을 자신이 이해할 수 있는 0과 1로 이루어진 기계어로 바꾸어 이해한다.

쉽다고 해도 C언어는
온통 영어잖아요.

사실 저도 프로그래머가
되고 싶긴 한데, 수학도
영어도 잘 못해서요.
흠….

사이버 세계의 창조주

중요한 건
그게 아냐.
고시
고시텔

왜요? 프로그래밍 언어를
알아야 프로그램을 만들 수
있으니까 제일 중요하죠.
그렇게 생각해?
이것 좀 봐 봐.
드르륵

지금 만들고 있는 게임, 코디니시아에
나오는 엄지랑 호야 캐릭터야.
이거 누구 아이디어지?
척

제 아이디어요.
원숭이 기사와
모험을 떠나는
소녀 영웅!

그래. 캐릭터의
성격이랑 모험 방식도
네 생각이었지.
제가 그런
상상은 잘하죠!

그러니까 이 게임은 우리 공동
작품이야. 꿈지 너도 프로그램을
만들고 있는 거라고.
제가요?

그래도 프로그램은
잘 모르는데요?
중요한 건
아이디어야.

어떤 사람이 젖은 슬리퍼
때문에 불만을 가지고 해결
방법을 고민하다가
어휴, 슬리퍼의
물을 빨리 빼는
방법 없을까?

바닥에 구멍을 내는
아이디어를 기술자에게
얘기했다고 하자.
바닥에 구멍을
여러 개 내 주세요.
그야 어렵지
않지요.

그렇게 만들어진 슬리퍼는
발명가가 누굴까?

아이디어를 낸
사람이 발명가
아닐까요?
그렇지?
프로그램도
발명품이나
다름없어.

물론 발명가가 전문
지식이 있으면 발명품을
만들기 쉽듯이
필라멘트의
수명을 늘리려면
산소를 차단해야 해.
다른 가스를 넣어
볼까?

컴퓨터에 관한 지식이 많으면
프로그램 아이디어를 내는 게
쉽지만 말이야.
지도와 GPS를
이용해 교통 정보를
알려 주는 프로그램을
만들어야지!

사실 프로그래머라고 하면
프로그래밍 언어로 프로그램을
만드는 사람을 뜻하지만

넓게 보면 아이디어를 내는
사람도 프로그램 개발에
참여한 거니까 소프트웨어
개발자로 볼 수 있어.
소프트웨어
개발자라니,
멋지잖아?

소프트웨어 개발자와 프로그래머

프로그래머는 프로그램을 만드는 사람이지만 아이디어 단계부터 프로그래밍까지 혼자 하는 프로그래머는 드물다. 하나의 프로그램을 완성하는 데 프로그램 기획자, 그래픽 디자이너, 작곡가, 프로그래머 등 여러 분야의 전문가들이 참여하는 경우가 많아서 이들을 모두 소프트웨어 개발자로 부르기도 한다.

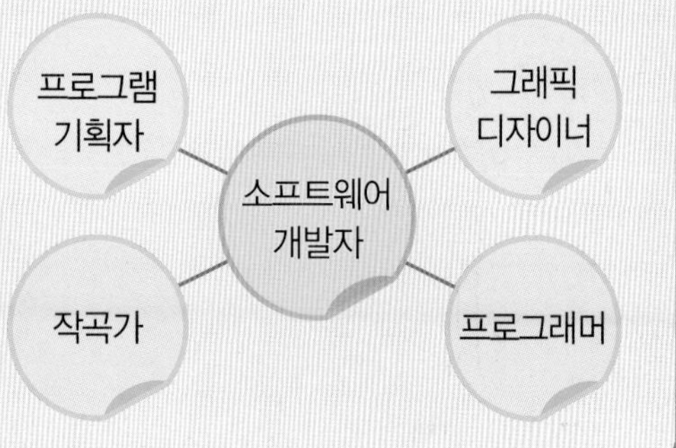
프로그램
기획자
그래픽
디자이너
소프트웨어
개발자
작곡가
프로그래머

꼼지는 아이디어가
풍부하니까 공부를 더 하면
훌륭한 소프트웨어 개발자가
될 수 있을 거야.
정말요?

난 소프트웨어 개발자를
사이버 세계의 창조주라고
표현해.
창조주요?

상상한 것은 모두
프로그램으로 만들어 낼 수
있으니까!
사이버 세계에서
불가능이란 없어!

너도 이미 엄지와
호야를 창조했잖아.
그러네.

나의 창조물?
왠지 가슴이
두근거려.
두근
두근

쓰러진 삼촌

저 결심했어요!
프로그래밍을
제대로 배울래요.
꽉

좋아! 안 그래도 너 같은 초보자를
위한 동영상 강좌를 만들고 있었어.
네가 첫 수강생이 되려나?
와! 정말요?
벌떡

팟
어?
응?

제가 발로 전선을
건드렸나 봐요.
선 정리를
제대로 했어야
했는데.

삼촌! 프로그램
작업하고 계셨잖아요?
헉

걱정 마. 이 프로그램에는
자동 저장 기능이 있어서 갑자기
꺼져도 최근에 작업했던 내용을
불러올 수 있어.
삐익
휴, 정말
다행이에요.

흠.
위이잉
왜요?

쇼트가 났는지
파일이 망가졌네.

이 게임, 공모전
준비하던 거잖아요.
어쩌지.

아무래도 이번 공모전은
포기해야 할 것 같아.
안 돼요!

* 쇼트 : 과전압, 합선 등으로 전기가 정상적인 길로 흐르지 않아 생기는 문제

놀랐지? 여기 백업해 둔 파일 있지롱! 백업하는 습관은 프로그래머의 기본이라고.
뭐예요! 깜짝 놀랐잖아요.
척

백업(backup)은 사용자의 실수나 컴퓨터의 오류, 바이러스, 정전 등으로 원본이 손상되거나 잃어버릴 경우를 대비하여 원본을 미리 복사해 두는 것이다.
내가 넘긴 파일 잘 가지고 있어!
맡겨 둬.
원본
복사본

누가 보면 네가 프로그래머인지 알겠다. 왜 그렇게 놀라?
이 게임 만들려고 얼마나 고생한지 아니까요.

제작비를 벌려고 힘든 일도 마다하지 않고

없는 시간을 쪼개서 열심히 작업했는데
타
타닥

마감을 코앞에 두고 파일이 망가졌다면….
어라?
타
타닥

어째서 외장 하드가
망가져 있지?
어?

앗, 큰일났다!
으아, 제가 그저께
음료수 엎질렀는데,
그때 망가졌나 봐요.

어떡해요,
저 때문에….

아니야. 중요한
외장 하드를 함부로
둔 내 잘못이 커.

앞으로
일주일 남았네.

6월

꼼지야, 할 수 있는 만큼 최선을
다해 복구해야 하니까 오늘은
그만 가는 게 좋겠다. 미안.

죄송해요,
삼촌.

울먹

타
탁

타
타
탁

울먹

이틀 후
고시텔
고시텔

이틀째 잠도 안 주무신 건 아니겠지?
타닥
타닥
타닥
타닥

삼촌, 저 왔어요.
끼익

이틀 동안 한 끼도 안 드셨나? 뭔가 먹은 흔적이 하나도 없네.
타닥
타닥
타닥

삼촌, 김밥 좀 드세요. 엄마가 싸 주셨어요.
아, 꼼지 왔어?
탁
타

고마워, 꼼지야. 이따 먹을게.
타
닥

공모전은 이번만 있는 게 아니잖아요. 분명 더 좋은 기회가 올 거예요. 그러니 너무 무리하지 마세요.
아니.
타타탁

이번이 마지막이야. 이제 더는 부모님을 뵐 면목이 없어.

이제 거의 다 했으니 너무 걱정하지 마.
타탁

몇 가지 오류만 더 해결하면 되거든!
찡긋
타타탁
진짜요?

그럼 일단 김밥 하나 드세요. 아~.
스르르…

사… 삼촌!

쿵!

생각하는 방법을 알려 주는 코딩

영양실조에
과로입니다.

심각하지는 않지만
며칠은 푹 쉬어야
합니다.
알겠습니다.

내가
외장 하드를
망가뜨리지만
않았어도….
나만 없었어도!

네가 없었으면
우리도 없는 건데?
뭐야? 나는
울지 않는 캐릭터로
설정해 놓고선 자기가
우는 거야?
엄지? 호야?
한심합니다.
남자는 아무 때나
눈물을 흘리지
않는 법!
엇?
너… 너희 정말
엄지랑 호야?
자기가 만든 캐릭터도
못 알아보냐?
설마 게임 시작 멘트도
잊은 건 아니겠지?
시작 멘트?
1%의 가능성이라도 있다면
포기하지 말고 도전하라.
그 도전은 너의 잠재된 능력을
깨어나게 해 줄 것이다!
척

넌 게임의 주인공인
나를 그 누구보다 약하게
설정했어.
크크크,
엄청 약하네.
통 통
후다닥

하지만 게임에서 임무를
완수하지 못해도, 도전만으로
경험치가 올라가고 점점
강해지도록 만들었지.
도전 점수 +120
레벨 상승 +1

포기하지 않으면 누구나
찾을 수 있는 것! 그게 바로
코디니시아의 보물이잖아?

공모전 마감일은 아직
5일 남았어. 그건 가능성이
있다는 거지. 그러니까
끝까지 포기하지 마!

기억해!
네가 포기하는 순간
우리도 영원히
사라진다는 걸.
엄지야!

어? 꿈이었나?

끝까지
포기하지 마.
정말 생생한 꿈이야.
아직도 엄지가 한 말이
머릿속에 맴돌아.

그래, 뭘 어떻게 해야 할지
막연하지만 할 수 있는 건
뭐라도 해 보는 거야!

찾았다!
삼촌의 동영상
강좌 폴더!

1강부터 볼까?
딸깍

안녕? 난 코디야. 지금부터
코딩에 대해 알려 줄게.
재밌으니까 기대해도 좋아!
코딩?
프로그래밍이
아니고?

자, 먼저 문제부터 하나 풀어 보자.
명령어를 이용해 전기밥솥이 올바르게 작동하도록 순서를 정하는 거야.
순서?

명령어는 반복해서 사용해도 돼. 단, 쌀은 15분이 지나야 익고 뜸을 3분 들여야 밥이 된다는 조건에 맞춰야 해!

버튼을 누르면 시작

3분 기다리기

버저 울리기

압력 밸브 열기

온도 높이기

온도 높이기 중지

이렇게 하면 되려나?
슥
슥
버튼을 누르면 시작
온도 높이기
3분 기다리기 ×5
온도 높이기 중지
압력 밸브 열기
3분 기다리기
버저 울리기

정답 공개! 어때? 생각한 것과 같아?
오, 맞혔다!

여기 있는 명령어가 하나라도 빠지거나 순서가 바뀌면 제대로 밥이 되지 않겠지?
콰앙
압력이 높은 상태에서 열었다간 위험할 거야.

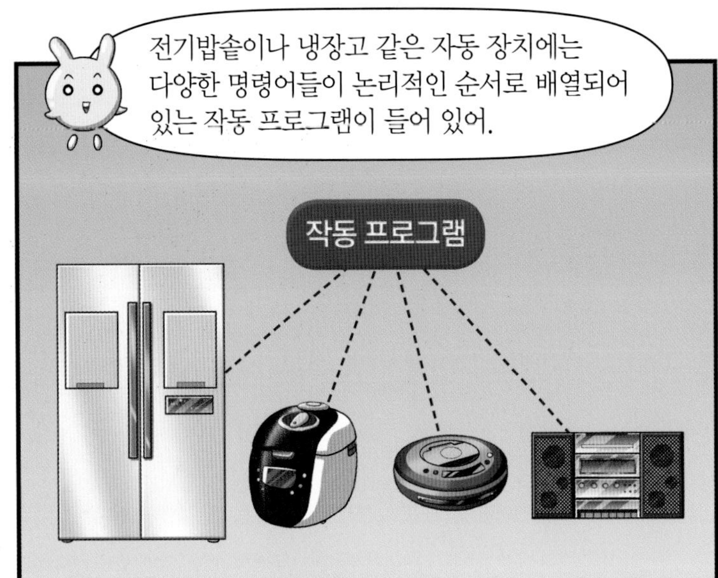
전기밥솥이나 냉장고 같은 자동 장치에는 다양한 명령어들이 논리적인 순서로 배열되어 있는 작동 프로그램이 들어 있어.
작동 프로그램

여기서 명령어들의 논리적인 순서가 바로 알고리즘이야.
알고리즘?

알고리즘과 순서도

알고리즘은 문제를 해결하기 위해 명령어들을 순서대로 조합하는 것을 말한다. 알고리즘 설계를 먼저 하면 오류를 줄이고 효율적인 프로그램을 만들 수 있다. 결과가 항상 정확하고 실행할 때 걸리는 시간이 짧을수록 좋다.

순서도는 알고리즘을 표현하는 여러 방법 중 하나로, 흐름을 이해하기 쉽게 기호로 나타낸 것이다. 기호를 사용하기 때문에 알고리즘의 구조나 특징을 한눈에 파악하기 쉽다.

라면을 끓이는 순서도

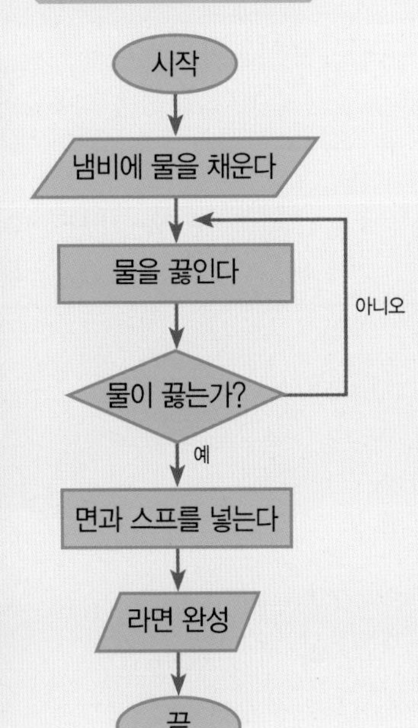
시작
냄비에 물을 채운다
물을 끓인다
아니오
물이 끓는가?
예
면과 스프를 넣는다
라면 완성
끝

순서도 기호

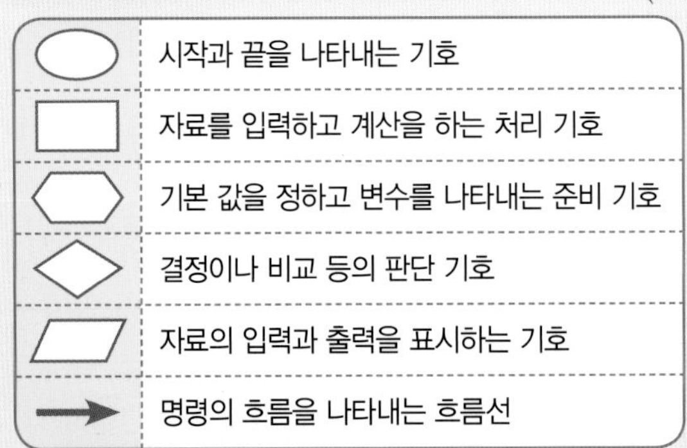

(타원)	시작과 끝을 나타내는 기호
(직사각형)	자료를 입력하고 계산을 하는 처리 기호
(육각형)	기본 값을 정하고 변수를 나타내는 준비 기호
(마름모)	결정이나 비교 등의 판단 기호
(평행사변형)	자료의 입력과 출력을 표시하는 기호
(화살표)	명령의 흐름을 나타내는 흐름선

알고리즘의 기본 구조

- 순차 구조 : 정해진 방향으로 명령을 하나씩 하나씩 순서대로 처리한다.
- 조건 구조 : 주어진 조건이 참이냐 거짓이냐에 따라 다른 명령을 처리한다.
- 반복 구조 : 같은 동작을 여러 번 수행할 때는 묶어서 표현한다.
  지정한 횟수만큼 반복하거나 조건이 참이 될 때까지 반복한다.

그리고 이런 알고리즘을
컴퓨터가 이해할 수 있게
입력하는 걸 코딩이라고 해.
그렇구나.
일 월
1
7 8
14 15
21 22
28 29

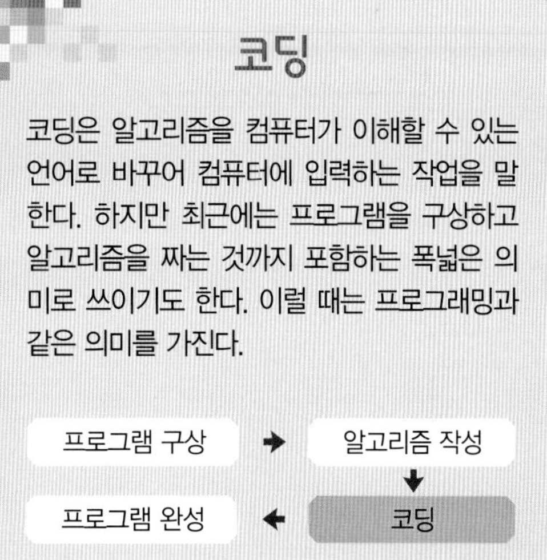

코딩

코딩은 알고리즘을 컴퓨터가 이해할 수 있는 언어로 바꾸어 컴퓨터에 입력하는 작업을 말한다. 하지만 최근에는 프로그램을 구상하고 알고리즘을 짜는 것까지 포함하는 폭넓은 의미로 쓰이기도 한다. 이럴 때는 프로그래밍과 같은 의미를 가진다.

프로그램 구상
알고리즘 작성
코딩
프로그램 완성

요즘은 프로그래밍
배우는 걸 코딩 교육이라고
많이 표현해.
코딩 교육?

코딩에서 중요한 건
기술이 아니라 아이디어야.
다음 이야기를
잘 들어 봐.

스위스의 한 제약 회사는 아프리카에 말라리아 치료제를 지원하고 있었다.
말라리아
치료제를 빨리
보냅시다!
OO제약회사

치료제의 양은 충분했지만, 문제는 치료제의 재고 관리가 잘 되지 않는다는 점이었다.
치료제가
부족한 곳에서
사망자가 늘고
있어요.
여기는
치료제가
남는데.

이때 영국의 이동 통신 회사와 미국의 컴퓨터 회사가 말라리아 퇴치 프로젝트에 참여했다.
△△
통신
OO
컴퓨터

각 지역의 보건 담당자들이 매주 휴대 전화 문자 메시지로 치료제가 얼마나 남있는지 보내면
치료제가 거의 다 떨어졌군.
톡 톡

전자 지도에 재고가 표시되어 부족한 곳에 치료제를 보내 줄 수 있었다.
치료제가 부족한 곳이 많네. 빨리 치료제를 보내자!

그 결과 제때 치료를 받는 사람들의 수는 급격히 늘어났고, 많은 사람들을 구할 수 있었다.
웅성
와, 감동적이다.
웅성

갑자기 왜 이런 이야기를 했을까?
글쎄.

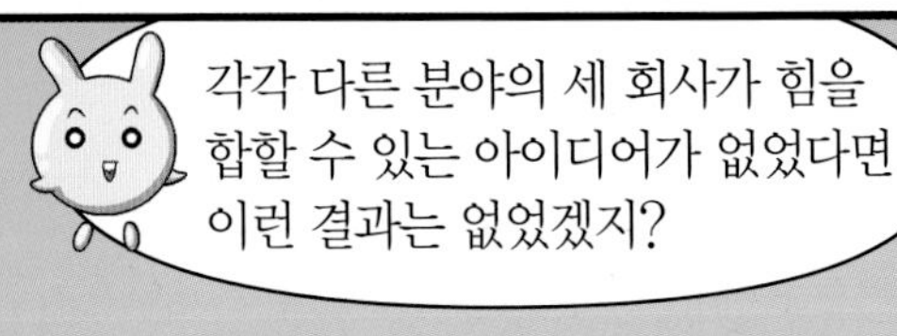
각각 다른 분야의 세 회사가 힘을 합할 수 있는 아이디어가 없었다면 이런 결과는 없었겠지?

말라리아를 치료한 아이디어 또한 코딩이라고 할 수 있기 때문이야.

우리가 말라리아 치료에 무슨 도움이 되겠어.
아프리카에 휴대 전화가 과연 필요할까?
다른 의학 관련 업체들이 더 참여하면 좋을 텐데.
컴퓨터 회사
이동 통신 회사
제약 회사

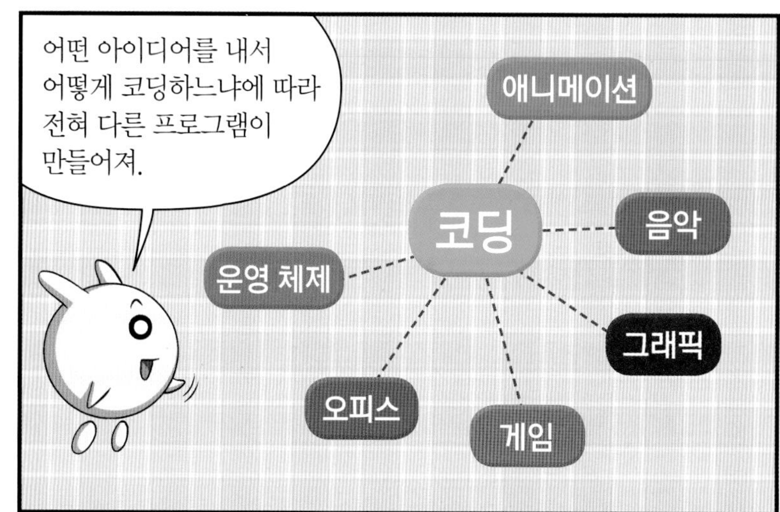
어떤 아이디어를 내서
어떻게 코딩하느냐에 따라
전혀 다른 프로그램이
만들어져.
애니메이션
코딩
음악
운영 체제
그래픽
오피스
게임

즉 코딩을 배우면
문제를 해결하는 능력도
기를 수 있는 거지.

소프트웨어 교육은 전 세계적으로 그 중요성이 점차 강조되고 있다. 일본, 이스라엘, 영국 등의 나라에서는 코딩을 정규 과목으로 지정해 교육 중이다. 우리나라도 앞으로 초등 소프트웨어 교육이 의무화된다.

모든 국민이 코딩을
배워야 한다. 코딩은
생각하는 방법을 가르쳐
주기 때문이다.
소프트웨어가
세계를 먹어
치운다!
다음 세대에는
그 나라의 언어를
배우듯 프로그래밍을
배우게 될 것이다.
스티브 잡스
마크 안드레센
마크 저커버그

그것은 코딩이 창의력과 사고력, 문제 해결 능력을 키우고, 다양한 분야를 조합하여 새로운 것을 창조하는 융합 시대에 꼭 필요한 지식이자 기술이기 때문이다.

QR

최근에는 스크래치, 엔트리 같은 블록형 프로그래밍 언어가 개발되어서 초등 코딩 교육에 많이 활용되고 있어. 특정한 기능을 하는 명령어 블록을 마우스로 옮기고 연결해서 간단하게 프로그램을 만들 수 있지.

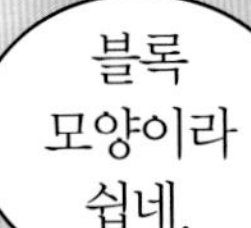
블록 모양이라 쉽네.

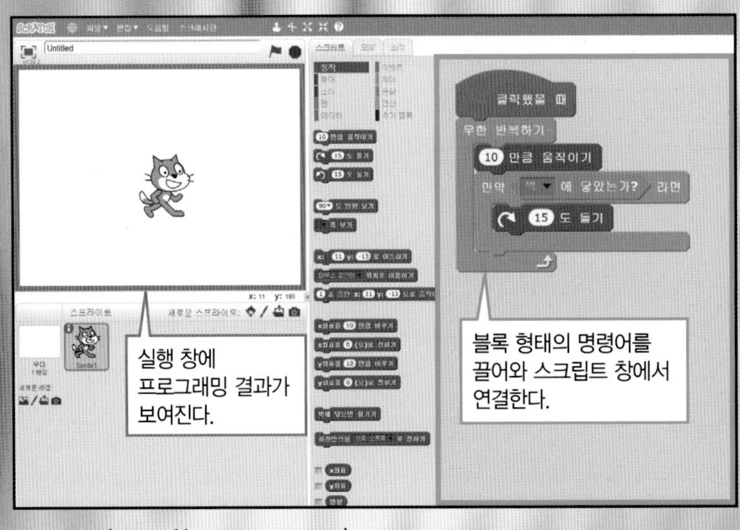
Untitled
클릭했을 때
무한 반복하기
10 만큼 움직이기
15 도 돌기
실행 창에 프로그래밍 결과가 보여진다.
블록 형태의 명령어를 끌어와 스크립트 창에서 연결한다.

스크래치 (https://scratch.mit.edu)

미국 MIT 미디어랩 연구진이 개발한 코딩 프로그램으로, 스크래치를 이용하면 초등학생도 게임이나 애니메이션 같은 프로그램을 만들 수 있다. 스크래치 사이트에 접속하면 직접 프로그램을 만들 수도 있고, 다른 사람들이 만든 것도 볼 수 있다.

당신을 코디니시아의 세계로 초대합니다!
깜박
깜박
초대합니다!
어? 이게 뭐지?

클릭
초대합니다
코디니시아는 삼촌이 만들고 있는 게임 이름인데? 그냥 클릭하면 되나?

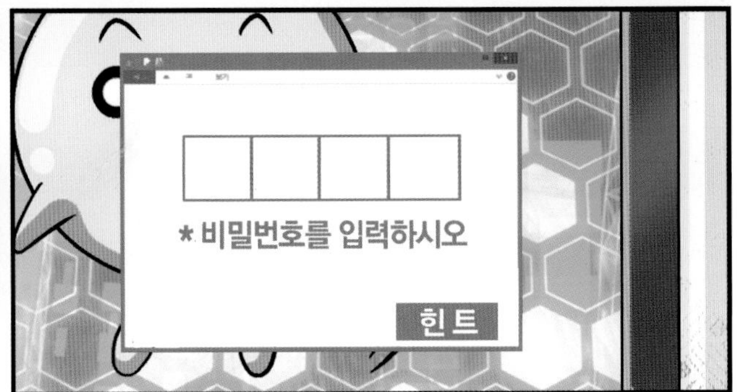
* 비밀번호를 입력하시오
힌트

다짜고짜 비밀번호를
입력하라니. 눌러도
괜찮을까?

어쨌든
힌트라도
클릭해 보자.
힌트
클릭

엄지의 생일
팟

엄지의 생일?
게임에 나오는
엄지 캐릭터?

그러고
보니…!
우아! 엄지,
맘에 쏙 들어요.
그럼 오늘
식목일을 엄지의
생일로 정하자!

타탁
타탁
0405
클릭
취소
확인

파
앗
엇?

신비의 세계 코디니시아

뭐… 뭐지?
방금까지 컴퓨터
앞에 있었는데?
두리번
두리번
여긴
어디야?

왔다, 왔어! 우리
메시지가 통했나 봐.
누구야?

척
웬 꼬마? 설마
얘가 우리를 만든
프로그래머?
이상합니다.
분석에 따르면
30대 초반이어야
합니다만….
엄지와 호야잖아?
내가 또 꿈을
꾸는 건가?

이 자는
우리 프로그램과
상관없는 것
같습니다.
프로그래머를
우리 세계로
데려오는 작전은
실패야?

프로그램 속에
들어온 건가?
혹시 여기가
코디니시아?
어? 우리
세계의 이름을
알고 있잖아?

으아!
칼 좀 치워!
우리 창조주님과
어떤 관계죠?
정체를 밝히세요!
촤악
의심 많고
급한 성격. 내가
설정한 그대로네.

너희의
창조주는 내
삼촌이셔.
삼촌?

그럼 아무
상관없네?
이 자는 내보내고
창조주님을 다시
모셔 오죠.

다시 시도해도
삼촌을 이곳으로
부를 순 없어.
왜?

사실대로
말하세요!
말할게!
말한다고!
척

잠시 후
그런 일이
있었구나.

결국 너 때문에
우리 세계가
변한 거네?
전 처음 봤을
때부터 마음에
안 들었습니다.
정말
미안해.

1%의
가능성이라도
있다면 포기하지
말라고 했지만….
지금은 1%의
가능성도 없어
보입니다.
1%의
가능성?

가능성은 있어!
코디니시아의 공동 개발자인
나, 꼼지가 여기 왔으니까.

개발자라고? 넌 프로그래머가 아니라며?
이 세계의 오류는 프로그래머만이 고칠 수 있습니다.
꼼지? 이름이 특이하네~
그래, 나는 프로그래머는 아니야.

이 게임은 우리 공동 작품이야.
하지만 분명 게임의 공동 개발자라고!

프로그램을 다룰 줄 모르는데, 어떻게 공동 개발자가 될 수 있죠?

게임의 세계관, 진행 방식, 등장인물의 성격 같은 아이디어는 낼 수 있으니까.
그래?

그럼 혹시 나도 네 아이디어로 만들어졌어?
말 잘해야 돼.
그게…

사실대로
말하면 엄지가 날
대하는 태도가
달라지겠지?
절 만드신
분을 몰라뵈어
죄송해요.
꾸벅

그러면 엄지의
진짜 모습을 볼 수
없을 거야.

아니야. 난 게임 방식에
대한 아이디어만 냈어.
그렇구나.

날 만든 분을 만나면
꼭 물어보고 싶은 게
있었는데….

그게 뭔데?
그게….
두근
두근

왜 날 이런 볼품없는 꼬마로
만들었느냐 말이야. 주인공인데
특별한 기술도 없이 이렇게
평범한 게 말이나 돼?
버럭
또
시작이시군.
아….

이스터 산의 보물

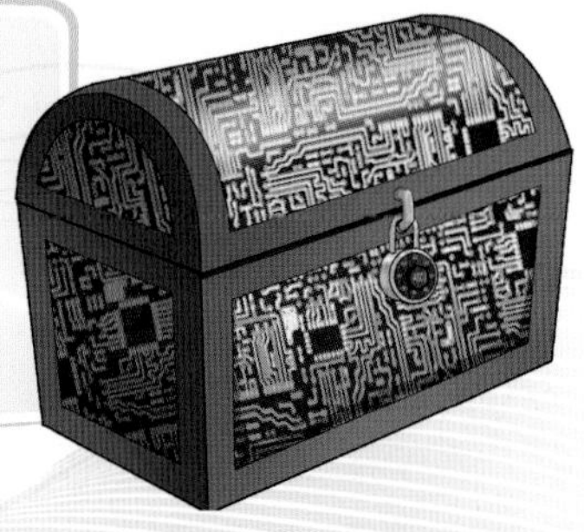

그래도 네 옆에는 듬직한 호위 무사가 늘 함께 있잖아.
씨익
호야?

호야도 원숭이가 아니면 얼마나 좋아.
시무룩

아, 내 말은 호야가 마음에 안 든다는 게 아니라 멋진 사람이었으면 했다고.
그 말이 그 말이잖아.
전 괜찮습니다.

참, 보여 줄 게 있어.
뭔데?

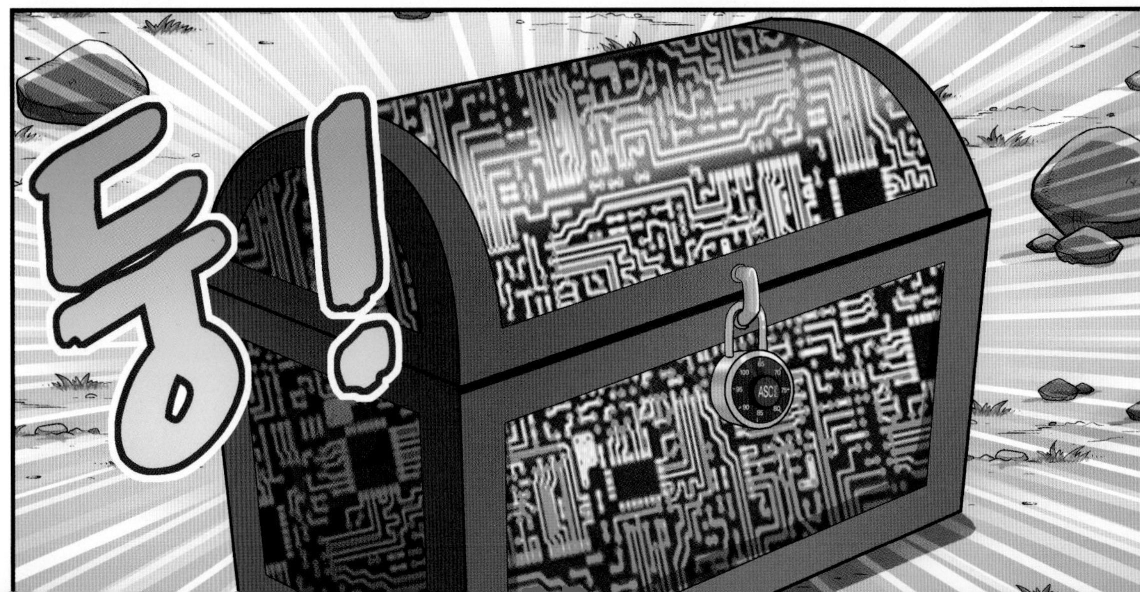
둥!

코디니시아에 오류가 나고 움직일 수 있는 곳은 여기, 이스터 산뿐이었어. 여기서 찾았는데 잠겨 있어.
이건!

꼼지야, 코디니시아에 이스터 에그를 숨겨 놨어.
이스터 에그요?

그게 뭔데요?
개발자가 몰래 숨겨 놓는 거야.

이스터 에그

프로그램 개발자가 프로그램 속에 재미로 몰래 숨겨 놓는 메시지나 기능이다. 개발자가 찾는 방법을 공개하지 않으면 프로그램이 발매된 지 한참이 지나 우연히 발견되는 경우도 있다. 단어 자체는 '부활절 달걀'이라는 뜻으로, 부활절 토끼가 아이들이 있는 집 안에 달걀 바구니를 숨긴다는 풍습에서 유래되었다.

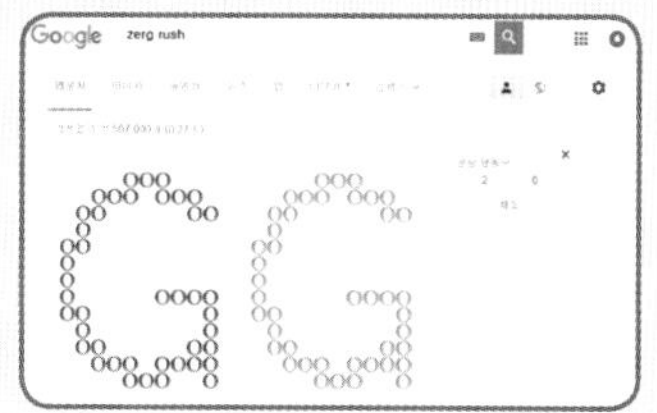
Google
zerg rush

구글(google) 검색창에 'zerg rush'를 입력하면 동그라미들이 글자를 지우고 'GG'를 만든다.

삼촌은 뭘 숨겼어요?
너도 공동 개발자니까 특별히 알려 줄게!
신비의 세계
코디니시아

메인 화면에서 시작 버튼을 누르지 않고 산꼭대기를 5번 클릭하면….
신비의 세계
코디니시아
게임시작

앗! 상자가
나타나네요?
빠
빵

뭐가 들어 있어요?
어떻게 열어요?
안 가르쳐 줘.
비밀번호는 직접
알아내 봐.
스윽

가운데
ASCII랑, 번호가
65에서 시작하는 게
힌트죠?
맞아.
65
70
75
80
85
90
95
100
ASCII

ASCII를 검색하니까
'아스키코드'라고 나와요.
그 표를
잘 봐.

65는
문자 란에
A라고 쓰여
있어요.

10진수	2진수	문자
64	1000000	@
65	1000001	A
66	1000010	B
67	1000011	C
68	1000100	D
69	1000101	E
70	1000110	F
71	1000111	G
72	1001000	H
73	1001001	I
74	1001010	J
75	1001011	K
76	1001100	L

그래. 그건 문자를
컴퓨터가 이해할 수 있는
숫자로 나타낸 거야.
아하!

ASCII(아스키코드)

컴퓨터가 이해할 수 있게 문자를 숫자 형태로 표현한 문자 코드이다. 전 세계 컴퓨터에서 공통으로 사용할 수 있도록 미국 표준 협회(ANSI)가 1967년에 제정했다. 아스키코드는 7비트로 구성되며 128가지 문자를 표현할 수 있다. 컴퓨터에서 효율적으로 처리하기 위해 8비트 형식으로도 개발해 사용하고 있다.

단어 CAT의 아스키코드

1000011	1000001	1010100
C	A	T

자물쇠의 비밀번호는
'코디니시아' 영문 약자의
10진수 값이야.
C,D,N,S,A의
아스키코드
10진수 값이
비밀번호!

A가 65였으니까,
알파벳 순서대로
1씩 더하면 C는
67, D는 68….
삐리릭
삐릭

마지막
A도 65!
ASCII
70
75
80
철컥

열렸다!
끼
익

두웅!

어? 상자를 여니까 뭐가 나왔어요. 이게 뭐예요?
동작
형태
소리
펜
데이터
이벤트
제어
관찰
연산
추가블록
팟

이건 일종의 '레벨 에디터'야. 사용자가 원하는 대로 게임을 바꿀 수 있어.
우아, 그런 게 다 있어요?

레벨 에디터

게임 시나리오나 배경 등을 사용자가 직접 디자인하고 원하는 대로 바꿀 수 있는 프로그램이다. 프로그램에 대한 지식이 없어도 쉽게 편집할 수 있도록 만들어졌다.

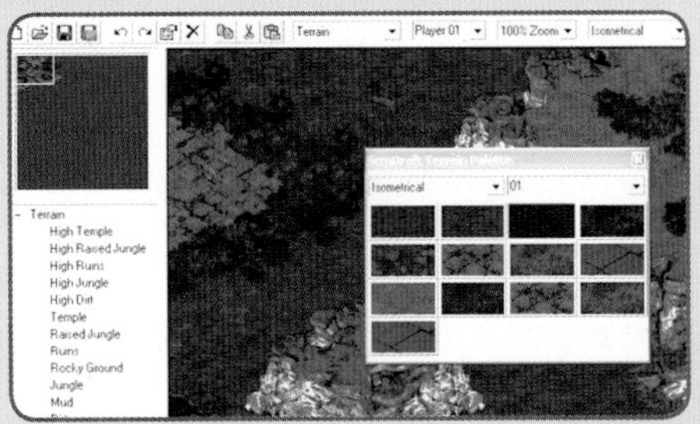

게임 〈스타크래프트〉의 맵 에디터 화면

보통 레벨 에디터는 누구나 쉽게 사용할 수 있도록 명령어가 생략되어 있지만
클릭만 하면 기지 배치 끝!
클릭

이 스프라이트를 클릭했을 때
벽 에 닿았는가?
10 만큼 움직이기
모든 소리 끄기
변수1 을(를) 0 로 정하기
펜 내리기
1 초 기다리기
이 레벨 에디터는 스크립트를 입력해서 편집하게 되어 있어.

게임을 직접 만들며 창조의 기쁨을 느꼈으면 하는 바람에서 숨겨 놨어.
이 기계와 카드로 게임을 원하는 대로 바꿀 수 있다는 거지?

스크립트

QR

스크래치 프로그램에서 블록 형태의 명령어를 실행 가능하게 조합해 놓은 것을 말한다. 스크립트 탭에서 [무한 반복하기], [▢만큼 움직이기] 등 필요한 명령어 블록을 끌어와 스크립트 창에서 연결시켜 만든다.

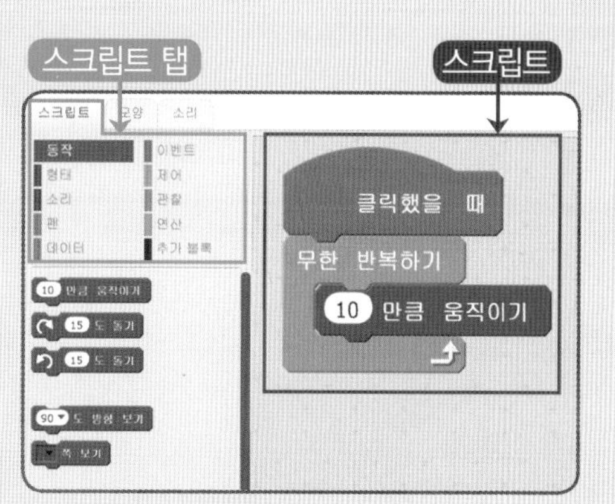

스크립트 탭
스크립트
클릭했을 때
무한 반복하기
10 만큼 움직이기

스크립트 탭에는 10가지 주제의 블록 모음이 있다. 필요한 항목을 클릭하면 명령어 블록을 선택할 수 있다.

동작 이벤트 형태 제어 소리

관찰 펜 연산 데이터 추가 블록

그런데 이거 어떻게
사용하는 거지?
팔 길이만 한 걸 보면…
척

우왓!
철컹

얘들아!
이것 좀 봐.
위이잉
어?
켜졌네!

스프라이트를 이동시켜라

너 그거 어떻게
사용하는지 알아?
아니, 나도
처음 봤어.

그런데 이 기계랑 카드로
프로그램을 편집할 수
있다는 건 알아.

코디니시아의
오류를 수정할 수
있다는 얘기야?
확신할 순
없지만 가능성은
있다고 생각해.

전 사용하는 걸 보기
전까지는 못 믿겠습니다.
근데 어떻게
사용하는 거지?

이 홈은 꼭
카드를 읽는
기계 같네?

동작 카드? 일단
한번 긁어 볼까?
동작
스윽

철컥

차라락

좋아! 카드가 입력됐어.
만큼 움직이기
우아!
삐빗
삐빗

이 다음에는 어떻게 하지?
아는 거야, 모르는 거야?

어? 소리가 나는데?
삐삐빗
이벤트 카드를 입력하고 이동 값을 정하세요
이벤트 카드?

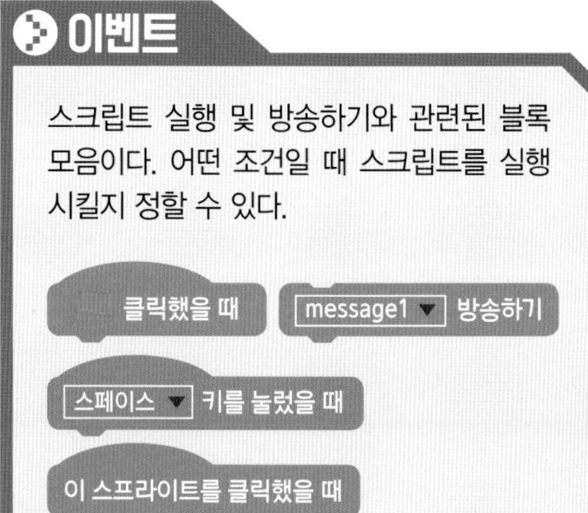
이벤트
스크립트 실행 및 방송하기와 관련된 블록 모음이다. 어떤 조건일 때 스크립트를 실행시킬지 정할 수 있다.
클릭했을 때
message1 ▼ 방송하기
스페이스 ▼ 키를 눌렀을 때
이 스프라이트를 클릭했을 때

삐삐삐
클릭했을 때
100 만큼 움직이기
취소
입력
이벤트 카드를 입력하고 이동 값은 100!

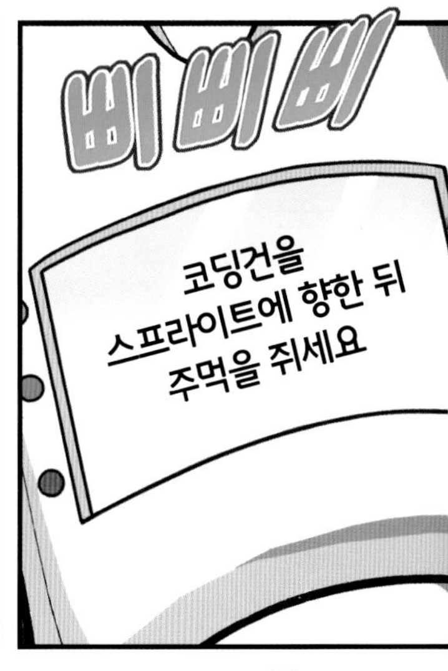
삐삐삐
코딩건을 스프라이트에 향한 뒤 주먹을 쥐세요

이 기계 이름이
코딩건인가 봐.
음.

스프라이트는
우리처럼 화면에서
움직일 수 있는 이미지를
말합니다.
아하!

스프라이트와 무대

QR

스프라이트는 캐릭터나 글씨, 도형 등 움직일 수 있는 이미지이고, 무대는 스프라이트가 움직이는 공간이다. 스프라이트에 스크립트를 입력하면 그 명령에 따라 무대의 틀 안에서 움직인다.

스프라이트
무대

저기 멈춰 있는 말에
시험해 볼까?
휙

코딩건을 말에게
향하고 주먹을 쥐면!
우우웅

파아아앗
레이저가
나갔어!
우아!

스
스
슷
말이 움직였어!

동작

스프라이트를 이동시키거나 회전시키고 방향과 위치를 바꾸는 등 스프라이트의 동작과 관련된 블록 모음이다.

- 10 만큼 움직이기
- x: 140 y: 30 로 이동하기
- 15 도 돌기
- 마우스 포인터 ▼ 위치로 이동하기
- 90▼ 도 방향 보기
- 벽에 닿으면 튕기기

이제 사용법을 알 것 같아! 코딩건은 명령어 카드로 스크립트를 완성해 프로그램을 편집할 수 있는 도구야!
주먹을 쥐는 게 클릭하는 것과 같은 효과가 있어서 입력한 스크립트가 실행되는 거지.
그럼 희망이 있다는 거네?

저기 절벽 너머에 있는 비행선도 옮겨 올 수 있을까요?
아, 맞다. 비행선!
비행선이 있어?

그래. 비행선을 탈 수 있다면 이곳을 벗어날 수 있을 거야. 어서 가자!
타
타
탁
비행선이 있을 리가 없는데….

둥

비행선 멋지지?
이건 게임 중반에 나오는 비행선인데, 오류 때문인가? 엉뚱한 데 있네.

좋아! 아까 쓴 스크립트로 비행선도 이동 시켜 볼까?

삐빅
이동 값을 입력하세요
3배쯤 더 움직여야 하니까 300을 입력!

삐삐빅
QR
클릭했을 때
300 만큼 움직이기
자! 이제 움직여라!
파앗

파팟

움직인다!
스스슷

어? 그런데
이쪽이 아니라
옆으로 가네요?
스슷

돌기둥이 없는 곳에
멈추면 낭떠러지로
떨어질 텐데!
빨리 어떻게
좀 해 봐!
스스슷

보고만 있지 말고
뭐든 해 보세요!
어떡하지?

돌기둥 위에
멈췄습니다!
후유,
다행이야.
db
착

'▢만큼 움직이기'
명령은 스프라이트를
설정되어 있는 방향으로
움직이게 하나 봐.
하마터면 비행선을
영영 잃을 뻔했잖아!
운이
좋았습니다!

스프라이트의
방향을 바꿀 수
있는 카드가
있을 텐데….
동작

있다!
스프라이트를
회전시키는 카드!
도 돌기

지금은 우리와
수직인 방향이니까
90도 회전시키면
될 거야.
90°
회전 값을
입력하세요

자, 실행!
QR
클릭했을 때
90 도 돌기

스스슷

성공이야!
착

이제 이쪽으로
이동시켜. 비행선에
빨리 타 보고 싶어!
잠깐만!
동작

역시!
내 생각이
맞았어.
뭐가?

내가 신기한 거
보여 줄게!
아까대로 하시죠!
괜히 잘못해서 비행선
떨어뜨리지 말고.
촤라락

걱정 말고
보기나 해!
파앗

파팟

스스슷

사…
사라졌어.
어이구,
내가 이럴 줄
알았습니다!

이제 어떻게 할… 어?
엥?
어떡하긴 뭘 어떡해. 타면 되지!
파앙

어떻게 된 거야? 비행선이 순간 이동했어.
어떤 명령어 카드인가요?
이건 좌표 이동 카드야.

x와 y에 좌표 값을 넣을 수가 있어.
x: y: 로 이동하기

평면에서는 가로축(x)과 세로축(y) 눈금으로 위치를 나타낼 수 있는데, 이걸 좌표라고 해.
y
x
(x:3, y:5)
(x:-2, y:-4)

좌표 이동 카드를
고 이곳의 좌표 값을
확인한 뒤,
삐삐
척
x : -172
y : -119

빈 곳에
좌표 값을 넣어 주면
스크립트 완성!
QR
클릭했을 때
x: -172 y: -119 로 이동하기
삐
삐
삐

x, y좌표

스크래치의 기본 무대는 가로가 480이고 세로가 360이다. 한가운데 좌표 값이 (x : 0, y : 0)이므로, 이를 기준으로 x축과 y축의 좌표 값을 입력하면 스프라이트를 원하는 곳으로 이동시킬 수 있다.

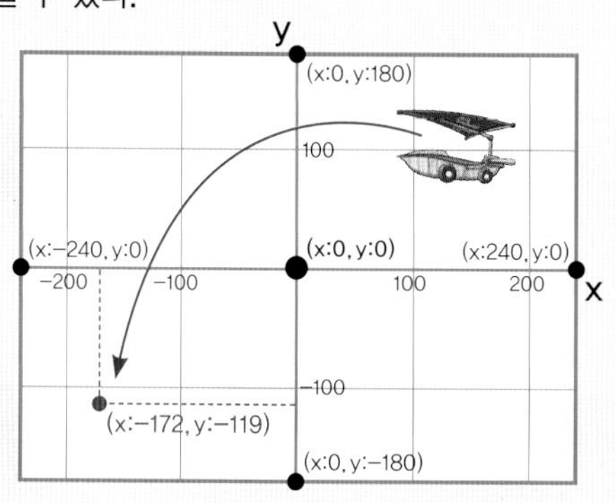
y
(x:0, y:180)
100
(x:-240, y:0)
(x:0, y:0)
(x:240, y:0)
-200
-100
100
200
x
-100
(x:-172, y:-119)
(x:0, y:-180)

이렇게 하면 간단히
비행선을 이동시킬 수
있어.
그렇구나.
삑

이제 여길 벗어날 수 있겠어.
꼼지 정말 멋지다!
으응!
와락

빨리 안 타고
뭐 해?
어… 어,
지금 가.

무한 반복의 비밀

자, 그럼 출발!
코디니시아의
주인공, 엄지 님이
나가신다!

잠
잠

뭐 해?
출발 안 하고!
그… 그게
문제가 생겼어.

지금까지는 비행선의
위치와 방향을 바꾸는
거였잖아?
그런데?

프로펠러를
작동시키지 않고
이동하면 낭떠러지로
떨어질 거야.
뭐?

맞습니다. 프로펠러가 돌지 않으면 비행선은 그냥 무거운 쇳덩이나 마찬가지니까요.

프로펠러를 돌리면 되지 뭐가 문제야?
그게….

이렇게 30도 회전 카드를 입력하고,
촤라락
삐삣

주먹을 쥐면 프로펠러가 30도 돌아.
파팟
빙그르르

계속 돌게 하려면 끊임없이 주먹을 빠르게 쥐었다 폈다 해야 해.
①
②
30°
③
30°
④
30°

그럼 그렇게 해.
말처럼 쉬운 게 아니야. 게다가 그러면 다른 상황에서 코딩건을 쓸 수가 없잖아.

그런데 다른 색깔 카드는 왜 안 열어 보죠?
아, 맞다! 다른 카드!

그래,
제어는 조종이란
뜻이니까 여기
답이 있을지도
몰라.
제어

이거다! 무한
반복하기!
무한 반복하기
번 반복하기

무한 반복하기 사이에
30도 돌기 명령을
넣으면 될 거야!
클릭했을 때
무한 반복하기
30 도 돌기
QR

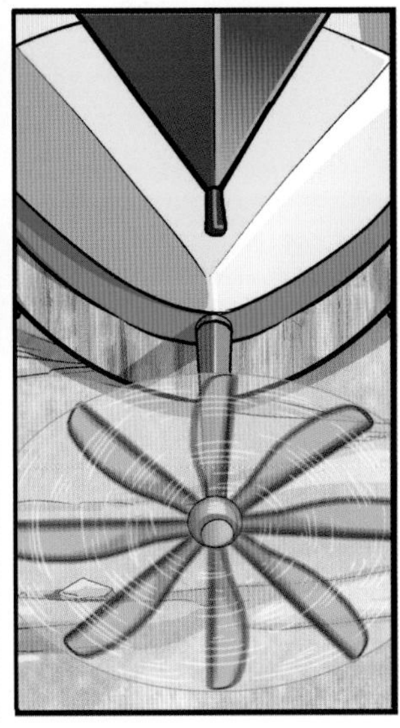

됐어! 이제 정말
출발이야!

제어

스크립트의 흐름과 관련된 블록 모음이다. 스크립트를 반복시키거나 멈추게 하거나 조건에 맞으면 실행시킨다. 스프라이트를 복제하는 기능도 있다.

1 초 기다리기

나 자신 ▼ 복제하기

모두 ▼ 멈추기

10 번 반복하기

만약 ⬡ 라면

무한 반복하기

⬡ 까지 반복하기

뭔가 이상해!
가도 가도 끝이
없는 것 같아.
타
타 타
타

앞으로 계속
가고 있는데
뭐가 문제지?
삐
빅

쿨
쿨
재는 아무리 무던한
성격이라도, 이럴 때
어떻게 잠이 올까?
타
타 타
타

하지만
이런 모습 때문에
사랑스러운 거지.
쿨쿨

앗! 저기 문이
보입니다!
어디?
응?

우
우
웅
저기로
들어가면 이곳을
벗어나는 걸까요?
맞아!
새로운 스테이지로
들어가는 문이야.

야호! 드디어
탈출이구나!
우
웅

스윽

우
우
웅
어? 뭐야?
그냥 문을 지나쳐
버렸잖아?

열쇠가 없어서 그런가?
문이 있는 스테이지는 열쇠가
있어야 문이 열리거든.
열쇠?

어, 저기!

우우웅
문이 또 나타났어!
타타타

저건 아까 봤던 그 문인 것 같아.
같은 문이라고?

게임 속 이미지는 보통 정해진 크기의 무대 안에서 움직이도록 되어 있다.

00137400
04123500
으앗! 왼쪽으로 더는 못 가!
타타타

그런데 무대를 벗어나지 못하게 하는 명령이 없으면 화면 밖으로 나가서 반대 방향으로 들어오게 된다.

요기로 나가서
타타타타
스윽
요기로 나오지!
스슥

우리가 같은 문을 만나는 건 보이지 않는 벽을 계속 통과하고 있기 때문인지도 몰라.
그럴 수도 있겠군요.
우웅
타타

여기서 영영 못 나가는 거 아니야?
어쩌지….

* 스크래치에서는 기본적으로 스프라이트가 무대 밖으로 나가지 못하게 설정되어 있다.

열쇠를 찾아 문을 통과하라

혹시 여기 벽도 있고 열쇠도 있는데, 눈에 안 보이는 건 아닐까?
둥실

맞아! 오류 때문에 다른 건 안 보이고, 문만 보이는 건지도 몰라.

그럼 구석구석 움직이다 보면 우연히 열쇠를 얻을 수도 있겠네요?
타 타 타 타
그래, 맞아! 로봇 청소기!

로봇 청소기는 막다른 곳에 가면 자동으로 방향을 틀면서 곳곳을 다녀.
위이잉
위잉

로봇 청소기의 알고리즘을 비행선에 입력하면 열쇠를 찾을 수 있을 거야!
사삭

'벽에 닿았는가?',
관찰 카드 중에 이런
게 있었네? 특이하게
육각형 모양이야.

관찰

변화나 상태를 체크하는 블록 모음이다. 특정한 색이나 벽, 마우스 포인터 등에 닿았는지, 버튼을 눌렀는지 등을 체크할 수 있다.

벽 에 닿았는가?

스페이스 키를 눌렀는가?

색에 닿았는가?

마우스를 클릭했는가?

까지 거리

음량

타이머

아까 제어 블록 중에
육각형 빈 공간이 있는
게 있었는데….
사삭

여기 있다!
척
만약 라면

엄지야, 이 카드
두 장을 조합해서
읽어 봐.
만약 벽에
닿았다면?

그래! 이 명령들을 같이 쓰면
보이지 않는 벽에 부딪히는 순간
방향을 틀어 다른 곳으로
움직이게 할 수 있어.
오호!

QR
클릭했을 때
무한 반복하기
10 만큼 움직이기
만약 벽 에 닿았는가? 라면
-50 만큼 움직이기
180 도 돌기
45 도 돌기

이 스크립트가
맞을 거야!
얍
파

타
타
타
타

타
타
타
타

퉁~!

됐다!
빙글

비행선이 문에 부딪혀
회전했어! 이대로 두면 비행선이
보이지 않는 벽에 부딪히며
이 안을 샅샅이 뒤질 거야.
꼼지,
너 볼수록
대단한데?

엄지 님, 이거
덮으세요.
그럼 열쇠를
찾을 동안
난 좀 잘게.
털석
그… 그래.
으아, 저
잠꾸러기!

띠리링~!

찾았어! 열쇠는
정말 있었어!
우아,
신기해!
반짝
반짝

호야, 꼼지는
볼수록 참 대단한 것
같아. 그치?
이 정도면 호야도
날 인정하겠지?
….

열쇠가 숨겨져
있을 거라 생각한
엄지 님이 더
대단하시죠.
생각해 보니
또 그렇네.
쳇!

자, 그럼 문을
향해 돌진!
타
타
타
타

퉁~!
핑
그
르
르
으아아아!

열쇠를
가지고 있는데
왜 안 열리지?

으아, 머리 아파.
이제 어떻게 해야
할지 모르겠어!
혹시 저 문 자체에도
오류가 있는 건가요?

그냥 포기하려는
건 아니지?
방법이
생각 안 나는 걸
어떡하라고!

생각이 안 나면
아무거나 눌러 봐!
하지 마!
삑
삑
삑

그렇게 막 누르면
망가질 수도….
삑

으앗!
어?
파앗

그러게. 그런데
비행선에는 아무
변화가 없어.
레이저 색깔이
전과 다른데요?

어? 이건
아까 비행선에
입력한 스크립트인데,
이제 갑자기 왜….
클릭했을 때
무한 반복하기
10 만큼 움직이기
만약 벽 에 닿았는가? 라면
-50 만큼 움직이기
180 도 돌기
45 도 돌기

왜 그래?
정말 어디가
망가진 거야?
혹시
이건….

파
앗
뭐 하는
거야!

아무 변화가
없습니다.
우
우
웅

왜 문이 열리지
않는지 알았어.
정말? 왜
그런 건데?

이게 저 문에 입력된
스크립트야. 돋보기는
스프라이트에 입력된
스크립트를 보여 주는
버튼이었어!
클릭했을 때
무한 반복하기
만약 라면
문 열기 방송하기
문 열기 을(를) 받았을 때
모양을 (으)로 바꾸기

비어 있는 곳에
명령어를 넣으면
문이 열릴 거야.
척
모양을 (으)로 바꾸기

비행선에 닿으면
문 모양이 바뀌면서
문이 열리게 설정!
파앗
QR
클릭했을 때
무한 반복하기
만약 열쇠를 가진 비행선 ▼ 에 닿았는가? 라면
문 열기 ▼ 방송하기
문 열기 ▼ 을(를) 받았을 때
모양을 문2 ▼ (으)로 바꾸기

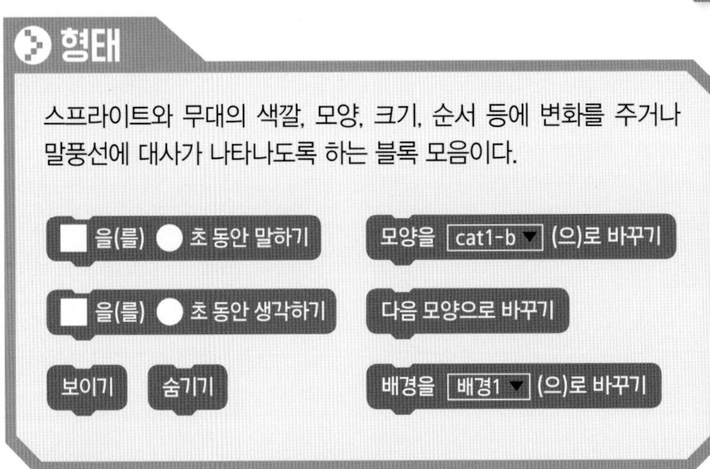

형태

스프라이트와 무대의 색깔, 모양, 크기, 순서 등에 변화를 주거나 말풍선에 대사가 나타나도록 하는 블록 모음이다.

을(를) 초 동안 말하기
모양을 cat1-b ▼ (으)로 바꾸기
을(를) 초 동안 생각하기
다음 모양으로 바꾸기
보이기
숨기기
배경을 배경1 ▼ (으)로 바꾸기

자! 문을
향해 돌진!
웅
유우웅

우우웅
타타타타

슈슈슉
문이 열렸어!
이제 진짜 모험
시작이야!

재미를 살리는 연산과 데이터

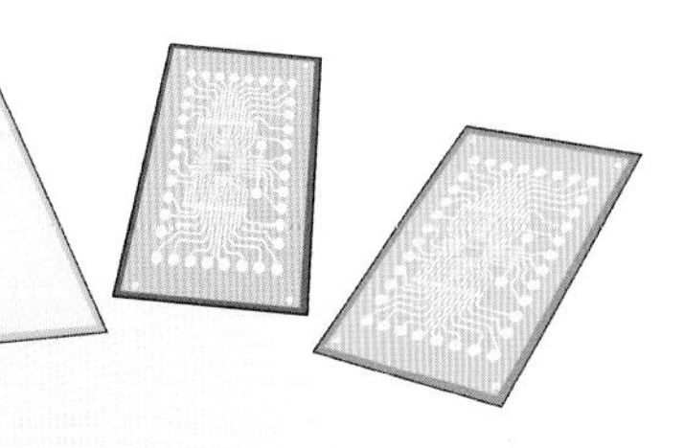

파아악

우앗!

여기는 이상한 숫자들도 없고 하늘도 맑다!
여기는 오류가 없는 곳인가?
구름도 움직입니다.

어?
저건 가장 약한 슬라임?

엄지야! 슬라임을
잡으면 경험치와 돈,
아이템을 얻을 수
있어. 어서 잡아!
알았어!
통
통

호야, 레벨을
높이려면 엄지가
직접 잡아야 해.
엄지 님, 제가
슬라임을….

좋아, 간닷!
타
앗

꺄악!
투
웅

감히 엄지 님을?
내가 상대해 주마!
이상한데?
엄지가 제일 약한
슬라임에게 지다니!
슬라~
슬라~
통
통

팟
파앗
파아앗

체력
100
공격이 전혀
안 통해!
슬라~

헉! 헉!
호야 공격 한 번에
사라져야 하는데!
팟
팟

호야, 그만 멈춰.
아무래도 오류가
있는 것 같아.
으, 이런 녀석도
해치우지 못하다니
분합니다!
통
통
슬라~
슬라~

파
팟

아, 역시!
왜? 뭐가
문젠데?
삐
삐빅

만약 엄지 에 닿았는가? 라면
모양을 모양2 (으)로 바꾸기
슬라임의 체력 을(를) 로 정하기
점수 을(를) 점수 + 30 로 정하기
0.5 초 기다리기
모양을 모양1 (으)로 바꾸기
만약 라면
숨기기
아이템 을(를) 1 부터 10 사이
저 슬라임의 스크립트에 빠진 부분이 있어.

공격을 받으면 점수 30점을 주고, 체력이 조금씩 줄어들다 사라지면서 아이템을 주게 되어 있는데, 체력이 줄어드는 명령이 빠져 있어.
+30
파앗

내가 공격했을 때 슬라임의 체력이 0이 되게 하면 되겠다.
그건 안 돼!

공격력에 맞춰 체력이 조금씩 낮아져야 레벨을 높이는 의미가 있어.

슬라임의 체력에서 네 공격력을 빼도록 설정해야 해. 이런 계산은 연산에 있을 거야!
연산

연산
더하기, 빼기, 곱하기, 나누기 등의 계산과 크기 비교, 글자를 연결하고 추출하는 등의 기능을 하는 블록 모음이다.
+
-
*
/
<
=
hello 와 world 결합하기
그리고
1 번째 글자 (world)
또는
1 부터 10 사이의 난수

내 공격력은 슬라임의 체력과 똑같게 해. 한 방에 이기게!
처음부터 그렇게 강하면 안 된대도.

으앗!

엄지의
공격력도 설정이
안 돼 있네.
뭐야? 왜
나한테….
감히 엄지 님에게
레이저를 쏘다니요!

데이터는 자료나
정보를 말하는 거니까,
여기서 정할 수
있을 거야.
데이터

'변수 만들기?'
이런 명령어가
있네?
변수 만들기

데이터

변수와 리스트를 만들고 관리하는 블록 모음이다.

변수 숫자나 문자 등의 값에 이름을 붙여 하나의 변수로 저장할 수 있다. 변수를 만들면 변수와 관련된 블록들이 나타난다.

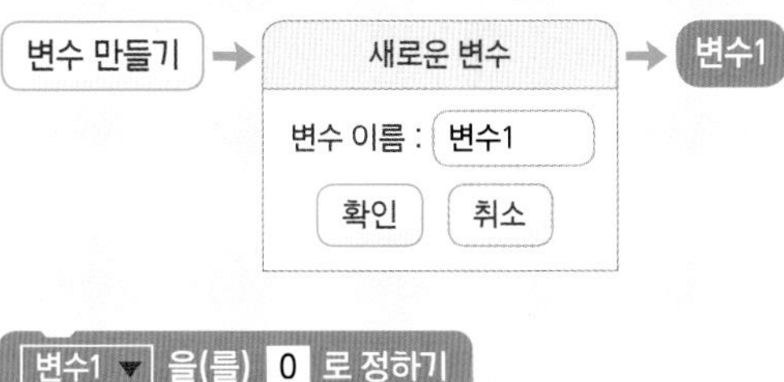
변수 만들기
새로운 변수
변수 이름 : 변수1
확인
취소
변수1
변수1 ▼ 을(를) 0 로 정하기

변수1 ▼ 을(를) 1 만큼 바꾸기

변수1 ▼ 변수 보이기

리스트 여러 항목의 값을 하나의 리스트로 저장해서 사용할 수 있다. 리스트를 만들면 리스트와 관련된 블록들이 나타난다.

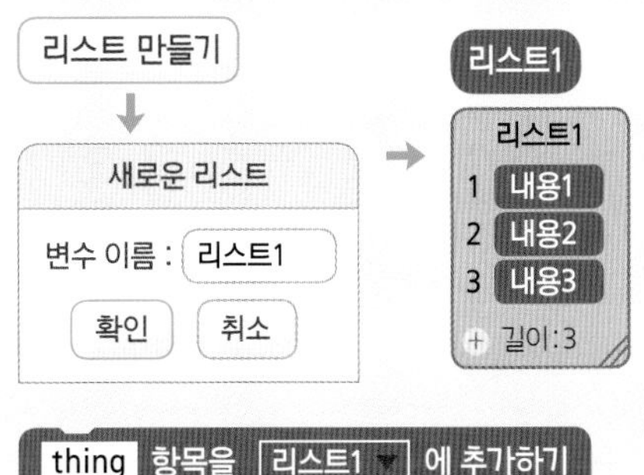
리스트 만들기
새로운 리스트
변수 이름 : 리스트1
확인
취소
리스트1
리스트1
1 내용1
2 내용2
3 내용3
+ 길이:3
thing 항목을 리스트1 ▼ 에 추가하기

1 ▼ 번째 리스트1 ▼ 항목

변수 이름을 설정하고 값을 정하세요
변수 이름은 엄지의 공격력과 슬라임의 체력.

엄지의 공격력은 20으로 설정!
QR
클릭했을 때
엄지의 공격력 ▼ 을(를) 20 로 정하기

제대로 설정했어?
엄지 님한테 이상이 생기면 가만 두지 않겠습니다!
응! 믿어 봐.

슬라임의 체력 ▼ 을(를) 100 로 정하기
슬라임의 체력 - 엄지의 공격력
슬라임의 체력은 100으로 정하고, 스크립트의 빈 곳을 채우면….

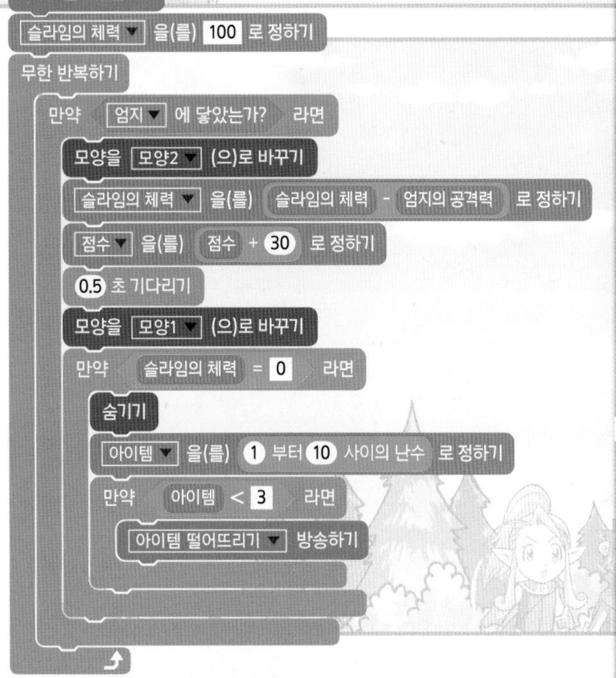
QR
클릭했을 때
슬라임의 체력 ▼ 을(를) 100 로 정하기
무한 반복하기
만약 엄지 ▼ 에 닿았는가? 라면
모양을 모양2 ▼ (으)로 바꾸기
슬라임의 체력 ▼ 을(를) 슬라임의 체력 - 엄지의 공격력 로 정하기
점수 ▼ 을(를) 점수 + 30 로 정하기
0.5 초 기다리기
모양을 모양1 ▼ (으)로 바꾸기
만약 슬라임의 체력 = 0 라면
숨기기
아이템 ▼ 을(를) 1 부터 10 사이의 난수 로 정하기
만약 아이템 < 3 라면
아이템 떨어뜨리기 ▼ 방송하기

이제 슬라임을 공격하면 이길 수 있어!

이얍!
웃차!
체력 20
-20
-20
-20
-20
얍!
으앗!

이야압!
체력 0
-20

야호! 슬라임을 해치웠어!
축하드립니다.
좋아! 됐어!

그런데 점수는 올라가는데 아이템은 왜 안 나올까?
아이템은 항상 주는 게 아니야.

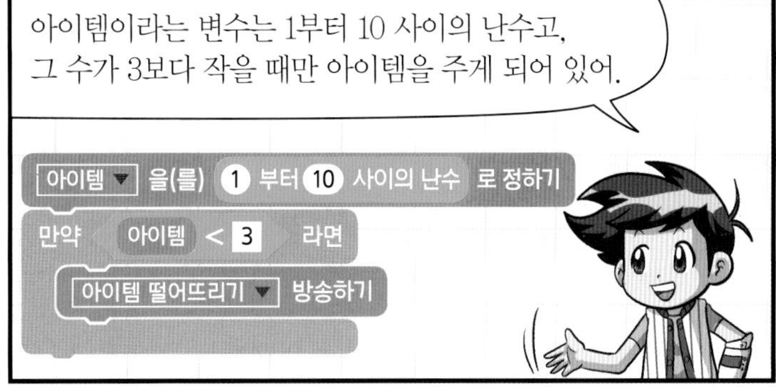
아이템이라는 변수는 1부터 10 사이의 난수고, 그 수가 3보다 작을 때만 아이템을 주게 되어 있어.
아이템 ▼ 을(를) 1 부터 10 사이의 난수 로 정하기
만약 아이템 < 3 라면
아이템 떨어뜨리기 ▼ 방송하기

난수라는 건 주사위를 굴리는 것처럼 뭐가 나올지 모르는 수를 말해.
그게 마음대로 되면 신이게?
제발 10 나와라!

변수와 난수

변수를 난수로 정하면 실행될 때마다 값이 달라진다. 난수는 특정한 순서나 규칙을 가지지 않는 수로, 범위를 정해 놓으면 모든 수가 같은 확률로 나온다. 변수를 난수로 설정하는 이런 방법은 플레이할 때 재미를 높여 주어 게임에 자주 사용된다.

QR

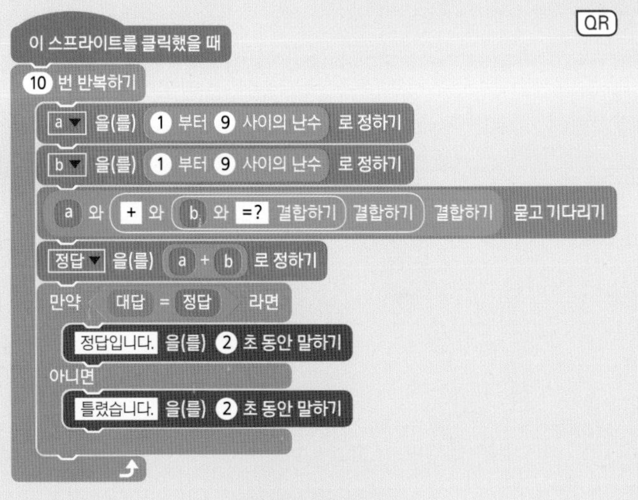

이 스프라이트를 클릭했을 때
10 번 반복하기
a 을(를) 1 부터 9 사이의 난수 로 정하기
b 을(를) 1 부터 9 사이의 난수 로 정하기
a 와 + 와 b 와 =? 결합하기 결합하기 결합하기 묻고 기다리기
정답 을(를) a + b 로 정하기
만약 대답 = 정답 라면
정답입니다. 을(를) 2 초 동안 말하기
아니면
틀렸습니다. 을(를) 2 초 동안 말하기

변수와 난수를 이용하여 한 자리 수의 덧셈 문제를 10번 내는 스크립트

1에서 10까지 수 중에 3보다 작은 수는 1과 2뿐이니까 아이템을 얻을 확률은 20%야.
통

5분의 1이네? 좋아, 아이템 얻을 때까지 해치워 주겠어!
저도 돕겠습니다! 슬라임, 덤벼라!
팟
파앗
파앗

아이템이 나왔어!
뾰
옹

체력을 채우는 아이템이야.
좋네, 가방에 넣어 둬야지.
스윽

히히! 또 아이템 얻었어. 레벨도 올랐고.
저는 돈도 많이 얻었습니다.
뿅
뾰
옹

그런데…

이거 언제까지 계속해? 레벨이 올라서 슬라임도 한 방에 사라지는데.
해도 해도 끝이 없어요. 어떻게 해야 스테이지가 끝나죠?
팍
칙
뾰롱
아!

주변에 시계가 있는지 찾아봐!
시계?

분명 어딘가에….

둥
180초
잡은 슬라임 수 = 113마리
아, 저기! 우리 머리 위에 시계가 떠 있었습니다!
역시!
아, 정말!

여기는 제한 시간
180초 안에 슬라임
50마리를 잡아야만
열쇠가 나타나.
그래?

슬라임은
벌써 113마리나
잡았는데?
그런데도 열쇠가
나타나지 않은 건
시간이 흐르지 않았기
때문이야.
180초
잡은 슬라임 수 = 113마리
우
우웅

역시 시계의
스크립트에도 빠진
부분이 있었어!
QR
클릭했을 때
초 세기 을(를) 180 로 정하기
무한 반복하기
1 초 기다리기
초 세기 을(를) 만큼 바꾸기
만약 초 세기 = 0 라면
모두 멈추기

클릭했을 때
초 세기 을(를) 0 로 정하기
10 번 반복하기
1 초 기다리기
초 세기 을(를) 1 만큼 바꾸기
시간이 1초씩
흐르게 하는 스크립트는
알겠는데, 시간이
줄어들도록 하려면…

그래! 초 세기를 1이
아니라 -1로 바꾸는 거야.
초 세기 을(를) -1 만큼

이 스크립트를
입력하면 1초씩
줄어들 거야!
파
180초
잡은 슬라임 수 = 113마리
팟
아!

우우웅
179초
잡은 슬라임 수 = 0마리
정말 시간이 줄어드네.

잡은 슬라임 수도 0이 되어서 다시 슬라임을 잡아야 해!
아까 113마리나 잡은 게 소용없다고? 크아!
타타탁

56초
잡은 슬라임 수 = 48마리
하압!
이얍!
팟 팟 파앗 팟

49초
잡은 슬라임 수 = 50마리
뾰로롱
다 잡았다!

우아, 열쇠가 나타났어! 성공이야!
스슷
야호! 우리가 해냈어!
다 엄지 님 덕분입니다.
짝

캐릭터와 대화하라

이 마을 참 예쁘다!
여기서 좀 쉬면서 필요한 아이템을 구하시지요.

피곤한데 우리 저기서 좀 쉬다 갈까?
그럴래?
으이구, 틈만 나면 쉬려고 하네.
CAFE

어?
척

누구냐,
넌?

괜찮아, 호야.
임무를 알려 주는
캐릭터야.
뭔가 사정이
있나 봐.

도와
드릴까요?
끄덕
끄덕

휙
휙
어?
휙
왜 말을
안 하지?

파
팟

아, 스크립트에서
말하는 시간이 0초로
되어 있었어!
삐
삐
삐
QR
이 스프라이트를 클릭했을 때
1 번째 대사 항목 을(를) 0 초 동안 말하기
2 번째 대사 항목 을(를) 0 초 동안 말하기
3 번째 대사 항목 을(를) 0 초 동안 말하기

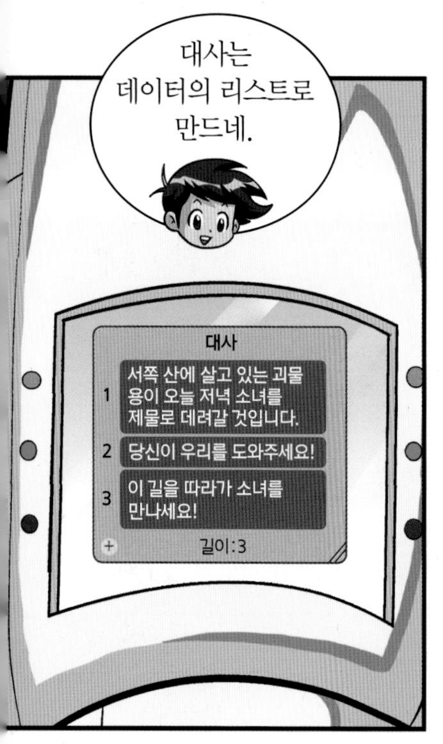
대사는
데이터의 리스트로
만드네.
대사
1 서쪽 산에 살고 있는 괴물 용이 오늘 저녁 소녀를 제물로 데려갈 것입니다.
2 당신이 우리를 도와주세요!
3 이 길을 따라가 소녀를 만나세요!
길이:3

리스트 활용하기

QR

이름이나 대사 같은 정보에 순서를 붙여 리스트로 만들어 두면 정보를 한꺼번에 관리할 수 있어서 편리하다. 캐릭터의 대사나 퀴즈 문제 등을 만들 때 유용하게 쓰인다.

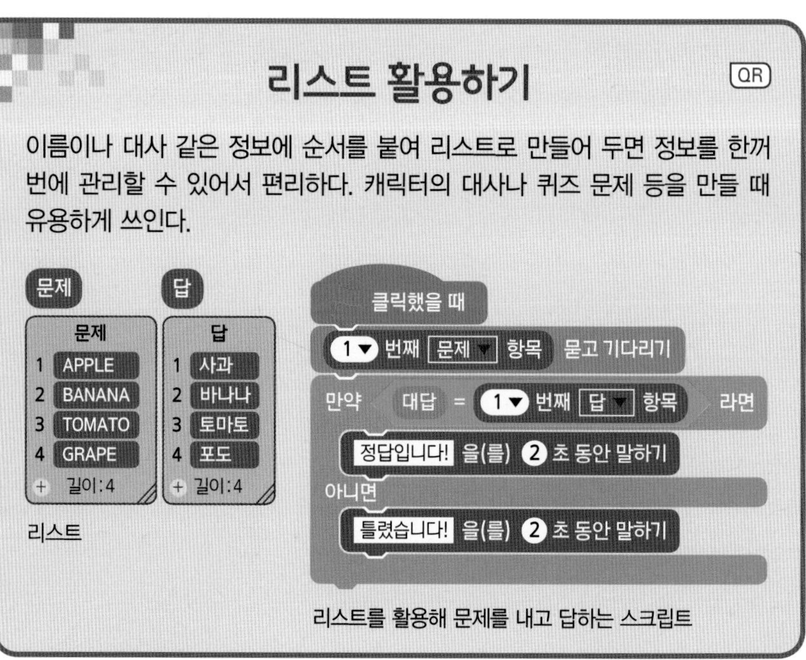
문제
답
문제
1 APPLE
2 BANANA
3 TOMATO
4 GRAPE
길이:4
답
1 사과
2 바나나
3 토마토
4 포도
길이:4
리스트
클릭했을 때
1 번째 문제 항목 묻고 기다리기
만약 대답 = 1 번째 답 항목 라면
정답입니다! 을(를) 2 초 동안 말하기
아니면
틀렸습니다! 을(를) 2 초 동안 말하기

리스트를 활용해 문제를 내고 답하는 스크립트

말하는 시간을
5초로 설정하자!
파
팟

서쪽 산에 살고 있는
괴물 용이 오늘 저녁 소녀를
제물로 데려갈 것입니다.
당신이 우리를
도와주세요!
오, 말한다!
괴물 용?

이 길을 따라가
소녀를 만나세요!
네!

내가 괴물 용을
이길 수 있을까?
긴장돼.
엄지 레벨도
많이 올라갔으니까
이길 수 있어.
제가 곁에
있으니 걱정
마십시오!

잠시 후
어? 저 소녀일까?
용사님, 기다리고 있었습니다.
와아! 예쁘다!
휙
긴 금발 머리에 예쁜 드레스까지! 칫, 나는 남자같이 이게 뭐야?
용사님?

침묵의 동굴에 있는 숙면의 열매를 괴물 용에게 먹이면 영원히 잠재울 수 있습니다.
오호!

그런데 괴물 용은 오늘 저녁에 오잖아요. 그때까지 제가 열매를 구해 올 수 있을까요?
걱정하지 마세요.

괴물 용은 이야기를 좋아하는데,
저는 1만 가지 이상의 이야기를
만들어 낼 수 있습니다.
1만 가지나요?

이야기를 해 주며 시간을
끌 테니, 그 사이 다녀오세요.
얼굴도 예쁜 데다
지혜롭기까지!
부러워할 거
없어. 주인공은
엄지니까!

그런데 대체 어떤
이야기예요? 하나만
들려줘요.
용사님을 위해 기쁜
마음으로 이야기를
들려 드릴게요.

천 년 전, 한 용사가 사냥꾼과
비밀의 정원에서 용맹하게 악당을
물리쳤다는 전설이 있습니다.
엥? 엄칭
짧네요?

그래도 1만 가지가
넘으니 시간을 끄는 건
충분해요.
아하하!
그런가?
잠깐!

이야기 하나만 더
해 줄 수 있나요?
물론이죠.

천 년 전,
한 용사가
사냥꾼과….
으응?

방금 전에
들은 이야기
아니야?
뭔가
이상해.
그러게요.
저는 1만 가지가
넘는 이야기를….

6가지 리스트의 각 항목들을 결합해
1만 가지 이상의 이야기를 만드는
거야. 리스트에는 이상이 없어.
언제
1 천 년 전
2 태초
3 옛날
4 오래전
5 옛적
+ 길이:5
누가
1 한 용사
2 호랑이
3 개미
4 마왕
5 공주님
+ 길이:5
누구와
1 사냥꾼
2 코끼리
3 왕자님
4 한 꼬마
5 천사
+ 길이:5
어디에서
1 비밀의 정원
2 침묵의 바다
3 산꼭대기
4 달빛 언덕
5 우주
+ 길이:5
어떻게
1 용맹하게
2 시끄럽게
3 우아하게
4 재미있게
5 다정하게
+ 길이:5
무엇을
1 악당을 물리쳤다
2 결혼했다
3 춤추고 노래했다
4 우정을 맹세했다
5 오래오래 살았다
+ 길이:5
띠
띠
띳

내용을 이어 주는 결합하기

연산의 결합하기 블록을 이용하면 여러 리스트나 변수의 내용들을 이을 수 있어서 이야기를 만들 수 있다. 내비게이션, ARS 서비스 등의 음성 안내 프로그램도 이런 방식을 사용한다.

클릭했을 때
3 번째 어떻게 항목 와 2 번째 무엇을 항목 결합하기 말하기

이 스크립트에 위쪽의 리스트가 적용되면 '우아하게 결혼했다'라는 대사가 나타난다.

아! 스크립트에 모두
1번째 항목만 말하도록
되어 있어서 계속 똑같은
이야기만 한 거야.

QR

```
이 스프라이트를 클릭했을 때
이야기 ▼ 을(를) [ ] 로 정하기
대사 ▼ 을(를) ( (1 ▼ 번째 언제 ▼ 항목) 와 [에] 결합하기) 로 정하기
이야기 ▼ 을(를) ((이야기) 와 (대사) 결합하기) 로 정하기
대사 ▼ 을(를) ( (1 ▼ 번째 누가 ▼ 항목) 와 [이(가)] 결합하기) 로 정하기
이야기 ▼ 을(를) ((이야기) 와 (대사) 결합하기) 로 정하기
대사 ▼ 을(를) ( (1 ▼ 번째 누구와 ▼ 항목) 와 [와(과)] 결합하기) 로 정하기
이야기 ▼ 을(를) ((이야기) 와 (대사) 결합하기) 로 정하기
대사 ▼ 을(를) ( (1 ▼ 번째 어디에서 ▼ 항목) 와 [에서] 결합하기) 로 정하기
이야기 ▼ 을(를) ((이야기) 와 (대사) 결합하기) 로 정하기
대사 ▼ 을(를) (1 ▼ 번째 어떻게 ▼ 항목) 로 정하기
이야기 ▼ 을(를) ((이야기) 와 (대사) 결합하기) 로 정하기
대사 ▼ 을(를) ( (1 ▼ 번째 무엇을 ▼ 항목) 와 [는 전설이 있습니다.] 결합하기) 로 정하기
이야기 ▼ 을(를) ((이야기) 와 (대사) 결합하기) 로 정하기
(이야기) 말하기
```

그럼 똑같은 이야기가 나오지 않게 난수를 사용해야겠네?
맞아!

스크립트를 조정했으니 얘기해 보세요.
옛날에 마왕이 천사와 우주에서 시끄럽게 춤추고 노래했다는 전설이 있습니다.
됐다!
내용이 이상해.

각 리스트에 대사가 5개씩 있으니까 1~5 사이의 난수를 넣으면 돼. 랜덤을 사용해도 되고.
착
라
락

```
(1 부터 5 사이의 난수) 번째 어떻게 ▼ 항목
랜덤 ▼ 번째 어떻게 ▼ 항목
```

너무 늦지 않게 돌아오세요!
꼭 숙면의 열매를 구해 올게요!

절벽에 다리를 그려라

휘이이잉

으아, 여길 어떻게 건너?
휘이잉
길이 없네.

화살표는 이쪽을 가리키고 있어.

화살표는 문제가 없어. 그렇다면….

아마 여기 있던 다리가 사라졌나 봐.
다리?

다리가 없으면
스크립트가 잘못됐는지
살펴볼 수도 없겠네요.
응.
끄덕

전에 열쇠가
그랬던 것처럼 다리도
있는데 안 보이는 건
아닐까?
그래도 무작정
건널 수는 없어.

중간에 구멍이 있는지도
알 수 없고

길이 좁아서 옆으로
떨어질 수도 있잖아.
악!
미끌

이번에는 정말
어떻게 해야 할지
모르겠어!
털
썩

그러고 있을 시간에
뭐라도 시도해 봐. 다리가
없으면 새로 그리든지!
번
쩍

그린다고?
아니, 뭐라도 해 보라고.
벌떡

엄지 말대로 정말 그릴 수 있을지 몰라!
응?
뒤적
뒤적

펜! 바로 이거야!

모두 그리는 데 관련된 카드들이야! 이걸로 다리를 만들 수 있겠어.

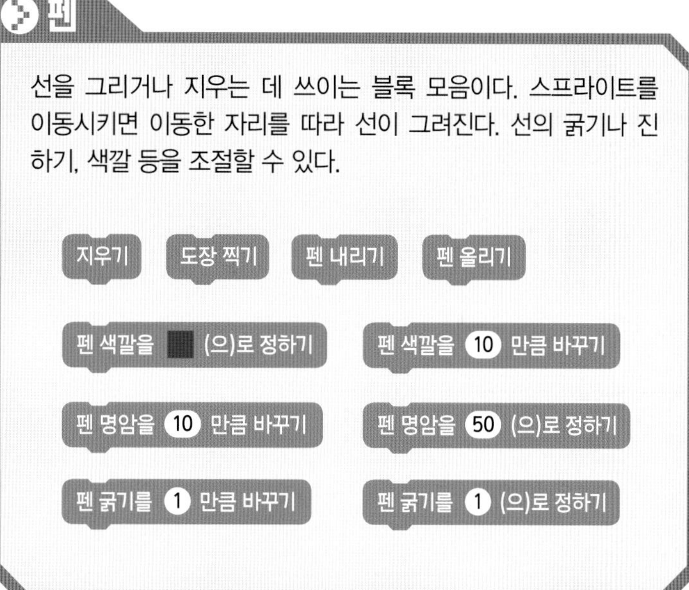

펜

선을 그리거나 지우는 데 쓰이는 블록 모음이다. 스프라이트를 이동시키면 이동한 자리를 따라 선이 그려진다. 선의 굵기나 진하기, 색깔 등을 조절할 수 있다.

지우기 | 도장 찍기 | 펜 내리기 | 펜 올리기

펜 색깔을 ■ (으)로 정하기 | 펜 색깔을 10 만큼 바꾸기

펜 명암을 10 만큼 바꾸기 | 펜 명암을 50 (으)로 정하기

펜 굵기를 1 만큼 바꾸기 | 펜 굵기를 1 (으)로 정하기

사용법은 알겠어?
몰라. 한번 해 보지 뭐.
촤라락

일단 펜 내리기를 하고 굵기와 색깔을 정한 다음, 움직이도록 스크립트를 입력해 볼게.
QR
클릭했을 때
펜 내리기
펜 굵기를 5 (으)로 정하기
펜 색깔을 ■ (으)로 정하기
200 만큼 움직이기
띠
띡

실행!
파
팟

우아!

정말 선이 그려졌네? 신기하다.
이번에는 도형을 한번 그려 볼까?
촤라락
삐삐빗

사각형은 방향을 90도로 바꿔 가며 그려야 해.
QR
클릭했을 때
펜 내리기
펜 굵기를 5 (으)로 정하기
펜 색깔을 (으)로 정하기
4 번 반복하기
100 만큼 움직이기
90 도 돌기
삐빗

짠! 사각형이야.
파아앗

다리는 어떻게 만들지?
삼각형과 역삼각형을 이어서 그리면 튼튼한 다리가 될 거야!

삼각형을
그려 볼까?
띠띠
딧
QR
클릭했을 때
펜 내리기
펜 굵기를 5 (으)로 정하기
펜 색깔을 (으)로 정하기
3 번 반복하기
100 만큼 움직이기
-120 도 돌기

좋아, 삼각형이
그려졌어!
파
팟

두
둥~!
이것 봐! 삼각형과
선을 이용해 다리를
만들었어. 괜찮지?
멋지다!

꼼지가 있어서
다행이야.
뭐, 이번에도
엄지 님 아이디어
덕분이지요.

어? 다리가
아래쪽으로
휘어졌어!

아래쪽에 기둥이 없어서
중력 때문에 휘어진 거야.
물리 엔진 때문이지.
물리
엔진?

응. 게임 속에서 실제 물리
법칙이 적용되도록 만들어
주는 거야.
찌이익

물리 엔진을 적용하면
사실적으로 게임을
만들 수 있어.

물리 엔진

중력, 관성, 탄성력 등 현실 세계의 물리 법칙을 프로그램화한 것이다. 같은 엔진으로 여러 자동차를 만드는 것처럼 하나의 물리 엔진으로 여러 가지 프로그램을 만들 수 있다. 가상 현실 프로그램, 영화, 비디오 게임 등을 만들 때 물리 엔진을 적용하면 더욱 사실적인 표현이 가능하다.
예를 들어 공 하나를 공중에서 떨어뜨리면 중력 가속도에 따라 낙하하고, 땅의 성질에 따라 튀어 오르는 높이가 달라진다.

게임 〈Next Car Game 3〉의 한 장면. 물리 엔진이 적용되어 자동차가 장애물과 부딪히는 장면이 실감나게 표현된다.

우리 삼촌이 이 물리
엔진을 사려고 힘든
아르바이트를…. 응?
왜? 내 얼굴에
뭐 묻었어?

거미줄 모양이네.
거미줄 스크립트는
복잡할까?

확인해 보자!
파
팟

클릭했을 때
길이 을(를) 40 로 정하기
3 번 반복하기
6 번 반복하기
삼각형 길이
60 도 돌기
길이 을(를) 40 만큼 바꾸기
되게 간단하네.
삐 빡

근데 이 보라색 블록은 뭐지?
삼각형 길이

추가 블록? 새 블록을 만드는 건가?
스윽

어쨌든 입력!
촤라락

블록 이름을 입력하세요
나도 똑같이 삼각형이라고 입력해야지.
삐삐삑

띠리릿
삼각형이란 블록을 정의하세요
정의하기 삼각형

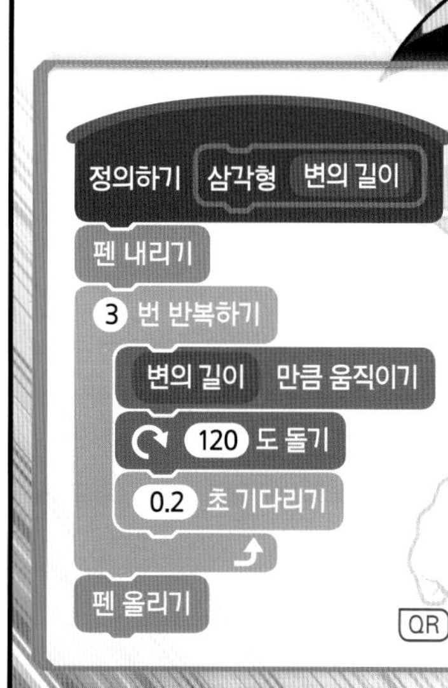
정의하기 삼각형 변의 길이
펜 내리기
3 번 반복하기
변의 길이 만큼 움직이기
120 도 돌기
0.2 초 기다리기
펜 올리기
QR

알았다! 삼각형 그리는 스크립트를 하나의 블록으로 정의해서 새로운 명령어 블록을 만드는 거구나!

추가 블록

새로운 명령어 블록을 만들거나 외부 기기와 연결할 수 있는 블록 모음이다. 필요에 따라 복잡한 스크립트를 하나의 블록으로 만들 수 있기 때문에 잘 활용하면 간편하게 스크립트를 완성할 수 있다.

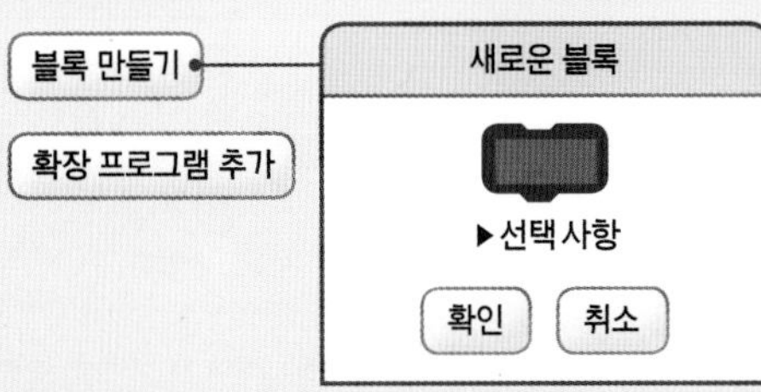
블록 만들기
확장 프로그램 추가
새로운 블록
▶선택사항
확인
취소

그나저나
다리 바닥이
너무 비어 있어.
걱정 마!

파
팟
방금 본
거미줄을
응용하면 돼.

와아, 바닥에
거미줄이 촘촘히
깔렸다!
오,
대단한데요?
촘
촘

호야가
꼼지 칭찬하는 건 처음
듣네. 이제 호야도 꼼지를
인정하는 거야?

제… 제가
그런 말을
했나요?

쑥스러워하지 마.
나 인정하고 있는 거
다 아니까. 하하!

음악을 만들어 문을 열어라

여기가 침묵의 동굴인가?
문이 닫혀 있습니다.

이 동굴도 열쇠가 있어야 열 수 있어?
열쇠로 여는 문이랑 다른데?

엄지 님! 여기 웬 북이 있습니다.
푯말에 뭐라고 쓰여 있어.

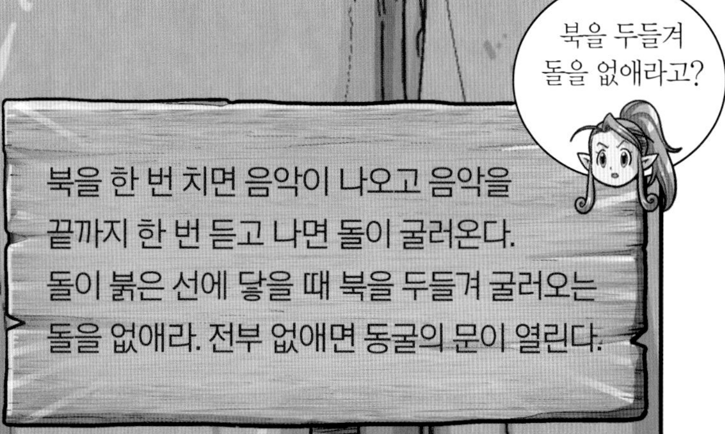

북을 두들겨 돌을 없애라고?
북을 한 번 치면 음악이 나오고 음악을
끝까지 한 번 듣고 나면 돌이 굴러온다.
돌이 붉은 선에 닿을 때 북을 두들겨 굴러오는
돌을 없애라. 전부 없애면 동굴의 문이 열린다.

북을 치면 음악이 나온다니까 일단 한번 쳐 봐.
척
으… 응.

친다!

방금 치셨어요?
응. 그런데 아무 소리가 안 나.

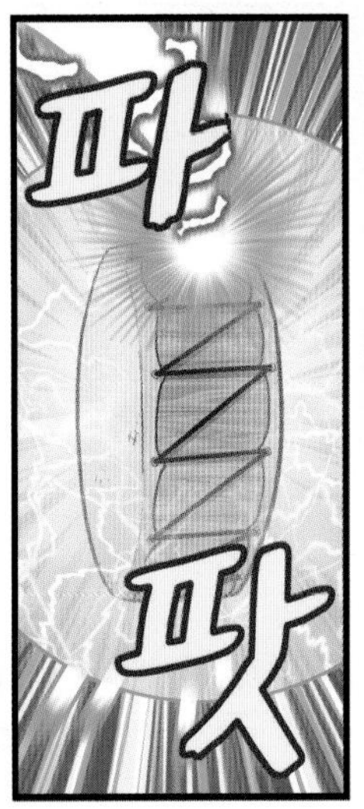
파
팟

북에 스크립트가 없어.
그래서 소리가 나지 않았군요.

소리 카드를 이용하면 되겠지?
척
소리

소리

소리나 효과음과 관련된 블록 모음이다. 이미 녹음된 소리를 이용할 수도 있고, 프로그램에 있는 악기 소리를 이용해 작곡을 할 수도 있다.

- meow▼ 재생하기
- 모든 소리 끄기
- meow▼ 끝까지 재생하기
- 1▼ 번 타악기를 0.25 박자로 연주하기
- 60▼ 번 음을 0.5 박자로 연주하기

북을 치면 1번 타악기가 연주되게 해 볼게.
QR
이 스프라이트를 클릭했을 때
1▼ 번 타악기를 0.25 박자로 연주하기

파
팟

오, 이제
소리가 나!
둥
좋았어!

근데
북을 쳤는데
왜 음악이
안 나오지?
그러게.
여기도 오류가
있나 본데?

파 팟

여기도 설정이
안 돼 있어.
그래?

그럼
음악을
만들어.
내가
어떻게 음악을
만들어?
화들짝

누가 작곡하래? 원래
있는 노래로 음악을
만들면 되잖아.
아!

동요 <학교종>은
계이름을 아는데,
만들 수 있을까?
스윽

어? 숫자 옆의 버튼을
누르니까 건반이 나타나네?
아! 건반의 음을 숫자로
나타낸 거구나.
60▼ 번 음을 0.5 박자로 연주하기
중간C(60)

'솔솔라라솔솔미'는
67, 67, 69, 69,
67, 67, 64.
띠띠띳

이렇게
하나씩 입력하면
너무 기니까 추가
블록과 반복하기를
이용해야겠다.

반복되는 '솔솔라라솔솔미'
부분은 '1소절'이라는 블록으로
만들자. 빠르기를 쉽게 수정할 수
있게 변수도 추가해 볼까?
정의하기 1소절 빠르기
67▼ 번 음을 빠르기 박자로 연주하기
67▼ 번 음을 빠르기 박자로 연주하기
69▼ 번 음을 빠르기 박자로 연주하기
69▼ 번 음을 빠르기 박자로 연주하기
67▼ 번 음을 빠르기 박자로 연주하기
67▼ 번 음을 빠르기 박자로 연주하기
64▼ 번 음을 빠르기 박자로 연주하기
빠르기 박자 쉬기
띳
띠
띠

QR
음악 시작하기▼ 을(를) 받았을 때
박자▼ 을(를) 0.3 로 정하기
2 번 반복하기
1소절 박자
67▼ 번 음을 박자 박자로 연주하기
67▼ 번 음을 박자 박자로 연주하기
64▼ 번 음을 박자 박자로 연주하기
64▼ 번 음을 박자 박자로 연주하기
62▼ 번 음을 박자 박자로 연주하기
박자 * 3 박자 쉬기
1소절 박자
67▼ 번 음을 박자 박자로 연주하기
64▼ 번 음을 박자 박자로 연주하기
62▼ 번 음을 박자 박자로 연주하기
64▼ 번 음을 박자 박자로 연주하기
60▼ 번 음을 박자 박자로 연주하기
박자 * 3 박자 쉬기
됐어!
이제 2절까지
<학교종>이 연주될 거야.
이렇게 하면 박자도
빠르기도 쉽게 바꿀 수
있어.

이제 북을
쳐 봐!
응!
퉁

성공이야!
띠리리리~♪
띠리리~♪
음악이
나온다!

음악이
끝나면 돌이
굴러 온댔지?
온다!
엄지 님,
조심하세요!
데구루루
응!

붉은 선에
돌이 닿을 때
북을 치세요!
데구루루
지금요!
응!
데굴
사라졌어!
스스슷
팟

엄지 님
파이팅!
힘내! 조금만
더 하면 동굴
문이 열릴 거야!
팟
팟
데구루루
데굴

돌을 다
없앴어!
드드드드
동굴 문이
열린다!

여기 너무
어둡다.
컴컴
아무것도
안 보여.
횃불 아이템을
쓰셔야 할 것
같습니다.

맞다,
횃불 아이템이
있었지!
화악

저게
뭐지?
열매
자판기야.

그냥 열매를
가져가면 되나?
스윽
잠깐만!

우앗!
콰콰콰

움직이는 과녁을 맞혀라

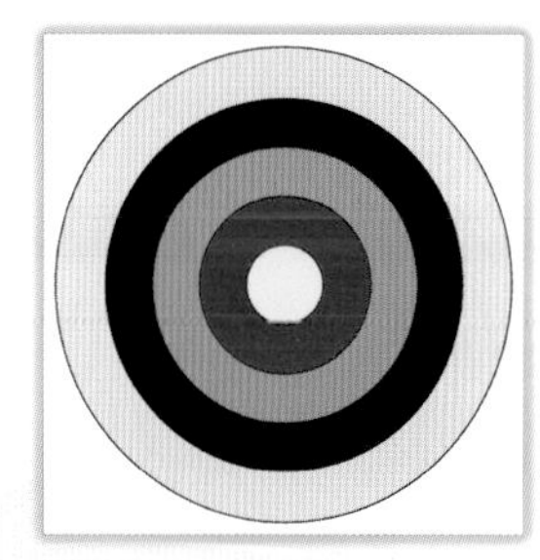

콰 콰 콱
철창이 생겼어!
어떤 열매 원하시나요
무적의 열매
2000G
변화의 열매
3000G
열매를 너무 쉽게 얻으면 재미없지.

열매 자판기 앞에 과녁이 나타났는데?
점수 = 0
남은 화살 수 = 5
우 우 웅

과녁에 화살 5발을 쏴서 30점이 넘으면 철창이 사라진답니다.
그래?

노란 원이 10점이고, 바깥쪽으로 갈수록 2점씩 줄어듭니다.
재밌겠다! 화살 하면 또 나지!
촤 악

으아!

이게 뭐야?
과녁이 너무
빨리 움직여!

과녁이
저렇게 빨리
움직이는 건
오류가 분명해.

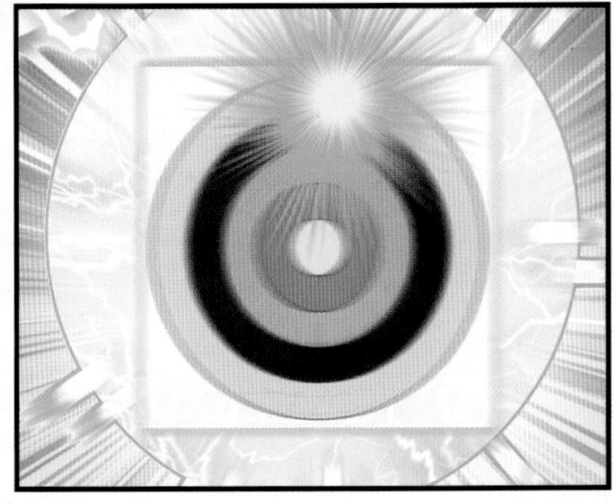

아, 그래! 과녁이
움직이는 속도가 20으로
설정되어 있어서 너무
빨랐던 거야.
QR
클릭했을 때
점수 을(를) 0 로 정하기
남은 화살 수 을(를) 5 로 정하기
무한 반복하기
20 만큼 움직이기
벽에 닿으면 튕기기
만약 화살 에 닿았는가? 라면
3 초 기다리기

속도를 줄이면
될 것 같아. 20 대신
5를 넣자!

좋아! 이 정도
속도면 자신 있어!
느릿
느릿
척

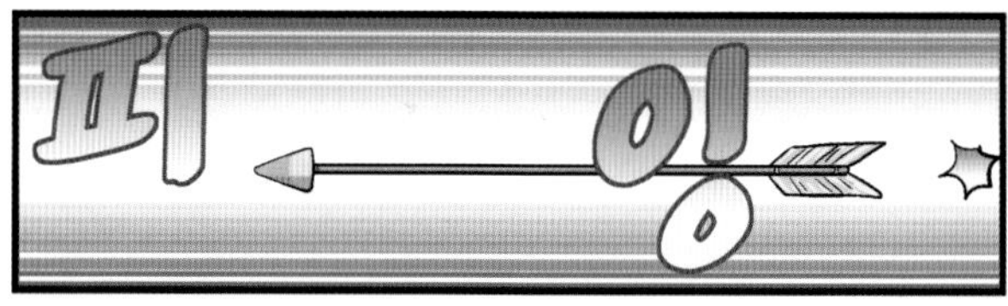
피잉

파악
맞혔다!
10점!

점수 = 0
남은 화살 수 = 4
어?

그런데
점수가 왜
안 올라가지?
화살 수는
줄어들었습니다.
뭐가
문제일까?

아까 과녁에는
이상이 없었는데….
삐
삐
삑

엄지야, 화살 하나 들어
볼래? 스크립트 좀
확인하게.
척
응.

QR

```
이 스프라이트를 클릭했을 때
맨 앞으로 순서 바꾸기
< y좌표▾ of 화살▾ > 60 그리고 과녁▾ 에 닿았는가? 또는 벽▾ 에 닿았는가? > 까지 반복하기
    y 좌표를 10 만큼 바꾸기
1 초 기다리기
만약 < 색이 ■ 색에 닿았는가? > 라면
    점수▾ 을(를) 10 만큼 바꾸기
만약 < 색이 ■ 색에 닿았는가? > 라면
    점수▾ 을(를) 8 만큼 바꾸기
만약 < 색이 ■ 색에 닿았는가? > 라면
    점수▾ 을(를) 6 만큼 바꾸기
만약 < 색이 ■ 색에 닿았는가? > 라면
    점수▾ 을(를) 4 만큼 바꾸기
만약 < 색이 ■ 색에 닿았는가? > 라면
    점수▾ 을(를) 2 만큼 바꾸기
남은 화살 수▾ 을(를) -1 만큼 바꾸기
숨기기
x: 0 y: -80 로 이동하기
보이기
```

화살이
닿은 과녁의 색을
인식해 점수를 내는
방식이야.

흰색을
과녁의 색으로
바꿔야 해.
만약 색이 색에 닿았는가? 라면
점수 을(를) 10 만큼 바꾸기
만약 색이 색에 닿았는가? 라면
점수 을(를) 8 만큼 바꾸기
만약 색이 색에 닿았는가? 라면

좋아!
바꿨어!
만약 색이 색에 닿았는가? 라면
점수 을(를) 10 만큼 바꾸기
만약 색이 색에 닿았는가? 라면
점수 을(를) 8 만큼 바꾸기
만약 색이 색에 닿았는가? 라면
점수 을(를) 6 만큼 바꾸기
만약 색이 색에 닿았는가? 라면
점수 을(를) 4 만큼 바꾸기
만약 색이 색에 닿았는가? 라면
점수 을(를) 2 만큼 바꾸기

이제 화살 수를
5로 수정해야….
간닷!

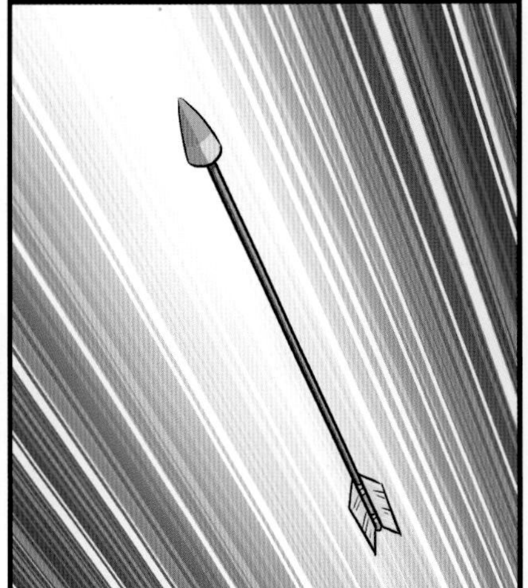

점수 = 10
남은 화살 수 = 3
야호!
또 10점!
상황을
그냥 받아들이고
극복하다니.
이 정도면 4발로
30점을 넘을 수
있겠어요!

36점! 미션
성공이야!
점수 = 36
남은 화살 수 = 0
엄지 님,
대단하세요!

이것 봐! 철창이
사라졌어!

어? 숙면의 열매
말고도 두 가지가
더 있네?
어떤 열매를
원하시나요?
무적의 열매
숙면의 열매
변화의 열매
2000G
4000G
3000G
설명 보기
설명 보기
설명 보기
주문
그러네.

자판기를 작동시켜라

숙면의 열매는 뭔지 알겠고, 무적의 열매는 어떤 아이템이지?
무적의 열매
숙면의 열매
2000G
4000G
설명 보기
설명 보기

2000G
설명 보기
빽
무적의 열매, 공격력과 방어력을 최대치로 올려 어떤 적과 싸워도 이길 수 있습니다.
우아! 엄청난 열매잖아?

변화의 열매? 이건 또 뭐래?
3000G
명 보기
설명 보기
삐익
변화의 열매, 외모를 바꿀 수 있으며 게임 속의 모든 옷과 장비를 마음대로 장착할 수 있습니다.
변화의 열매
무적의 열매
숙면의 열매
변화의 열매
2000G
4000G
3000G
설명 보기
설명 보기
설명 보기
우아!

이거 꼭 갖고 싶었던 아이템이야! 호야, 우리 돈 얼마나 있어?
그게….
그렇게까지 외모가 마음에 안 드나?

5200G 있습니다.
생각보다 많네. 슬라임을 많이 잡아서 그런가?
변화의 열매가 3000G니까 살 수 있겠다!

그럼 숙면의 열매는 어쩌고?
숙면의 열매는 4000G나 하네.
어떤 열매
무적의 열매
2000G
숙면의 열매
4000G
3000G
설명 보기
설명 보기
설명 보기

왜 하필 숙면의 열매만 이렇게 비싸?
시무룩

방법은 있습니다. 무적의 열매를 먹으면 괴물 용과 싸워 이길 수 있으니 무적의 열매와 변화의 열매를 사는 겁니다.
아! 그 방법이 있었구나?
….

히힛! 그럼 우선 변화의 열매부터 사 볼까나?
숙면의 열매
변화의 열매
4000G
3000G
설명 보기
설명 보기
스윽

아….
멈칫
왜 그러십니까?

인 열매
숙면의 열매
변화의 열
삐익
00G
4000G
보기
설명 보기
설명

엄지야, 왜
숙면의 열매를
눌렀어?
그게….

문득 나를 이런
모습으로 만든 데는
이유가 있을 거라는
생각이 들었어.

지금의 내 모습을 바꾼다면
코디니시아 게임에서 내가
주인공인 이유가 사라지는
거 아닐까?
엄지야!

그래 맞아.
널 그렇게 만든 데는
이유가 있어. 네가
얼마나 멋진지 곧
알게 될 거야.
맞습니다!
엄지 님은 지금도
충분히 멋지세요.
금액에 맞는
돈을 넣어
주세요.
그럼 돈
넣는다!
잠깐!

자판기 스크립트에 오류가 없는지 확인해 볼게. 잘못해서 돈을 날리면 안 되니까.
맞습니다. 안전한 게 좋지요.
파
팟
그래.
어떤 열매를
숙면의 열매
변화의 열매
4000G
3000G

열매 스프라이트는 누를 때마다 수가 1씩 늘어나.
띠
띳
이 스프라이트를 클릭했을 때
숙면의 열매 ▾ 을(를) 1 만큼 바꾸기

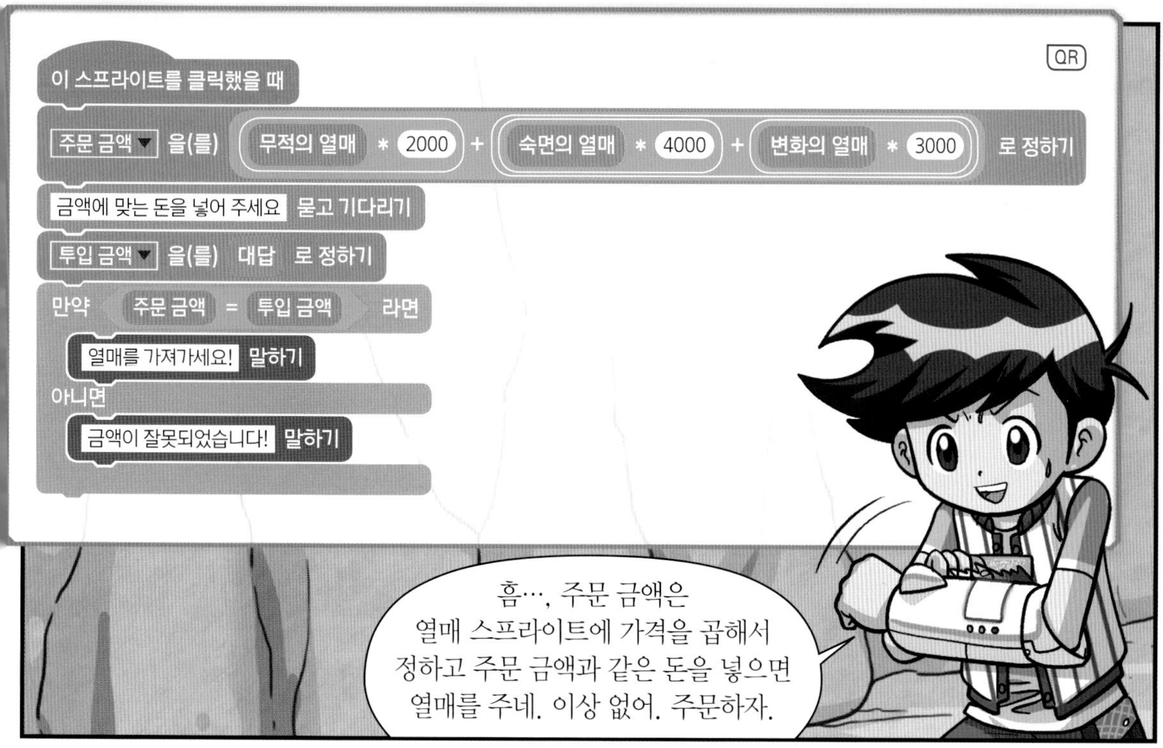

QR

```
이 스프라이트를 클릭했을 때
주문 금액 ▾ 을(를) (무적의 열매 * 2000) + ((숙면의 열매 * 4000) + (변화의 열매 * 3000)) 로 정하기
금액에 맞는 돈을 넣어 주세요 묻고 기다리기
투입 금액 ▾ 을(를) 대답 로 정하기
만약 주문 금액 = 투입 금액 라면
    열매를 가져가세요! 말하기
아니면
    금액이 잘못되었습니다! 말하기
```

흠…, 주문 금액은 열매 스프라이트에 가격을 곱해서 정하고 주문 금액과 같은 돈을 넣으면 열매를 주네. 이상 없어. 주문하자.

둘 이상인 수의 연산

연산 블록 2개를 겹치면 수를 넣는 공간이 3개로 늘어난다. 이런 방식으로 공간을 늘리면 더 복잡한 계산을 할 수 있다.

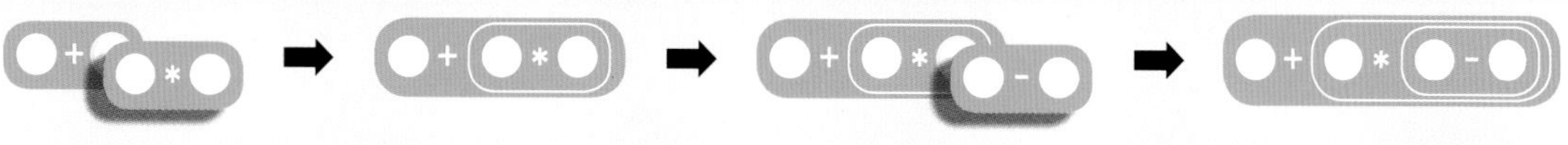

드디어 숙면의
열매를 얻었어!
짜안

더 이상
주문할 것이
없습니까?
더 하고 싶어도
돈이 없네요!

그럼
이만.
앗!
스스슷

사라져
버렸어!
팟
원래 귀한 아이템을
주는 건 임무를 마치면
사라지는 법이야.

엄지 너, 엄청 실망한
표정이다? 돈 더 벌어서 다시
오려고 했던 거 아냐?
히히, 들켰네!
엄지 님은
너무 솔직하셔.

연발 사격의 비밀

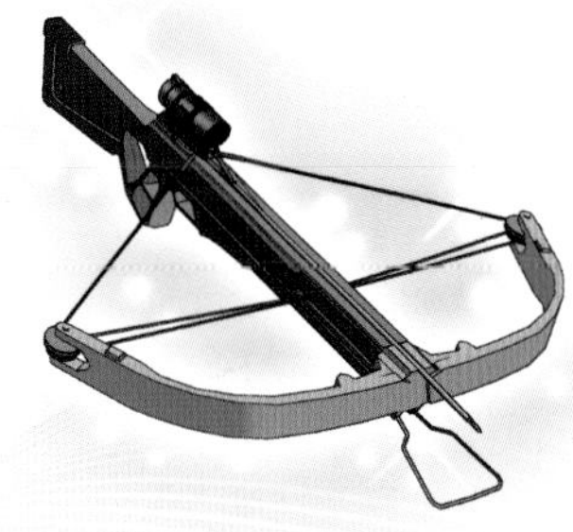

용의 계곡
오래전에 개미가 코끼리와 달빛 언덕에서 시끄럽게 우정을 맹세했다는 전설이 있습니다.

이 얘기는 아까 들은 것 같은데?
그럼 다른 이야기를 해 드릴게요.

태초에 호랑이가 천사와 우주에서 우아하게….
이것도 들은 이야기라고!

쩌
이제 더는 못 참아. 당장 잡아먹겠다!
크아앙!
억
꺄악!

멈춰라! 내가 상대해 주마!

둥~!

땅꼬마, 넌 뭐야?

용사님!

겁이 없는 걸 보니 간이 커서 맛있겠군. 크크!
쉬쉬쉭

그래? 원하는 대로 먹을 것을 주지. 이얍!
타앗

이거 먹고 잠이나 자셔!
우엥?
쏘옥

이거 꽤 맛있는데?
뭐야? 불량인가?
쩝
쩝

잠시 후
드르렁~
드르렁~
드르렁~
쿨~
이제 완전히 잠든 것 같습니다.
살았다! 불량인 줄 알고 깜짝 놀랐네.
용사님!

용사님 덕분에 마을의 평화를 찾았어요!
뭘요.
꼬옥

이건 최상급 아이템인 연발 석궁이랍니다.
척
연발 석궁?

화살 여러 발이 연속으로 발사되기 때문에 많은 적에게 둘러싸인 상황에서 아주 유용할 거예요.
오, 멋지다!
어?
퓨
퓨
퓽

쏜 화살이
벽이나 목표물에
닿기 전에 다른
화살을 쏠 수
없을 텐데?

엄지야, 잠시만!
연발 석궁 스크립트
좀 살펴볼게.
파
팟
척
응.

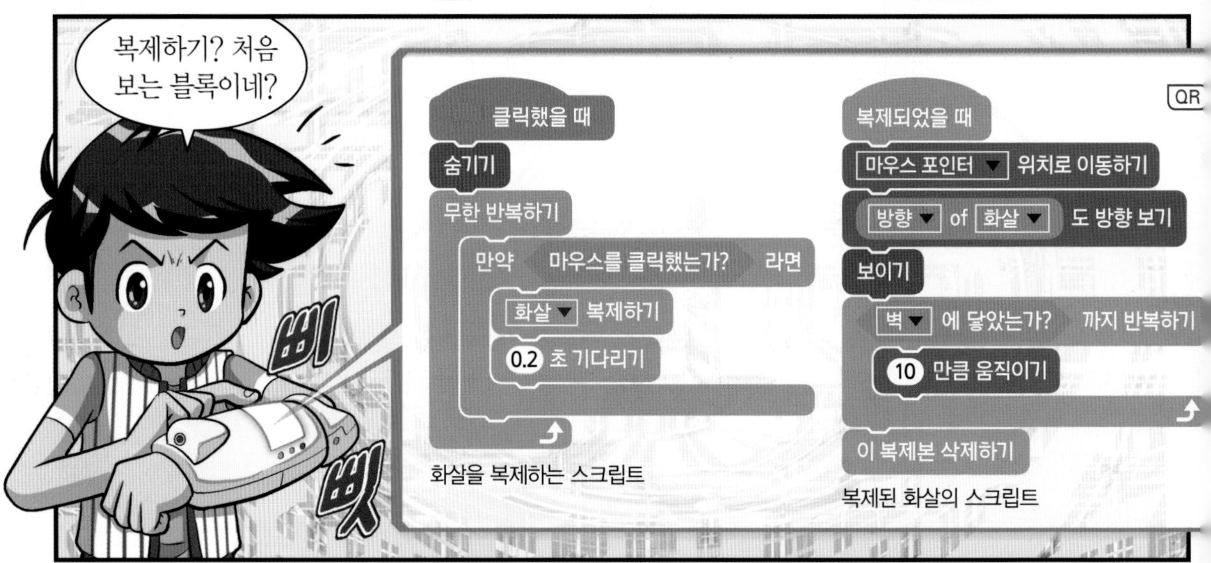
복제하기? 처음
보는 블록이네?
삐
빅
QR
클릭했을 때
숨기기
무한 반복하기
만약 마우스를 클릭했는가? 라면
화살 복제하기
0.2 초 기다리기
화살을 복제하는 스크립트
복제되었을 때
마우스 포인터 위치로 이동하기
방향 of 화살 도 방향 보기
보이기
벽 에 닿았는가? 까지 반복하기
10 만큼 움직이기
이 복제본 삭제하기
복제된 화살의 스크립트

화살 스프라이트를 복제해서
따로 움직이게 하면 쏜 화살이
사라지기 전에 연속해서
쏠 수 있구나.

복제하기

해당 스프라이트와 똑같은 스프라이트를 복제해 개별적으로 움직이도록 만드는 블록이다. [▢복제하기] 블록으로 스프라이트를 복제하고 [복제되었을 때] 블록 아래에 복제본의 스크립트를 넣는 방식으로 사용한다. 총알을 연속해서 발사하거나 한 화면에서 같은 캐릭터를 여럿 이용하는 것이 가능하다.

두두두두~

다음 스테이지까지는 제가 모셔다 드릴 테니 제 등에 타세요.
네? 등에 타라니요?

이것이 제 원래 모습이랍니다.
파아앗

놀라셨나요? 호호호! 어서 타세요.
스스슷
와! 용이잖아?
히히! 난 다 알고 있었지롱!

우아, 용에 타다니! 기분 최고야!
쉬이익
펄럭
펄럭

포탄을 쏘아 버그를 잡다

벌써 날이 밝았어. 얼마나 더 가야 해?
이제 저 산 하나만 넘어가면 돼요.
펄럭
펄럭

꼼지야, 네 덕분에 여기까지 왔어. 고마워.

나도 너희가 있어서 잘 해낼 수 있었어. 많이 배우기도 했고. 정말 고마워.

그리고 호야도 잊지 마. 언제나 네 안전을 1순위로 생각하는 최고의 호위 무사니까.
당연하지! 고마워, 호야.
아, 별말씀을….

파지직
응?

번쩍
파지직
으악! 갑자기 웬 번개야?
번쩍
파지직
번쩍
마른하늘에 번개라니, 무슨 일이지?
파지지직
꺄아악!
슈우욱
엄지 님! 제 손 잡으세요!

으….

그래도 나무가 많은
곳에 떨어져 다행이야.

엄지는….
아….

엄지야! 괜찮아?
다친 데 없어?
으응.
괜찮은 것 같아.

다행히 바닥이
푹신해서… 어?

호야!

호야가 엄지를
구하려고 일부러 엄지
밑에 깔렸나 봐.
이 바보!
으앙!

호야?
으음….

다치지 않으셔서
정말 다행이에요.
헤헤!
뭐가 다행이고 뭐가
헤헤야? 그러다 호야가
다쳤으면 어쩔 뻔했어!

다음부터는
네 몸부터 먼저
지켜!
우연히
깔렸다니까요.
거짓말하지
말고!
후후!
역시 둘이 정말
잘 어울려.

그나저나 저 산만 넘으면
되는데, 갑자기 번개가
치는 바람에….

스윽

우왓,
뭐지?
쏙

왜 그래?
저런 캐릭터는
본 적이 없어.
혹시 저게…?

저 산 너머 다음 스테이지에
심각한 버그가 있는 것 같아.
그래서 산을 못 넘있나 봐.
버그?

코디니시아는 하나의
스테이지를 클리어 해야 다음
스테이지로 넘어갈 수 있어.
Clear!
Clear!

다음 스테이지의 버그를
없애지 않으면 더 이상
나아가지 못할 거야.
아…!

파
팟

나무가
사라졌어!
코딩건으로
스프라이트를
삭제할 수 있어.

그럼 코딩건으로
버그를 맞혀서
없애자.
그게, 버그는 산 뒤에
있어서 안 보이는 데다
레이저가 거기까지
닿을지도 모르겠어.

화살에 포탄을
매달아 쏘아서 버그를
터뜨리면 어때?
그치만
화살은 직선으로
날아가잖아.

아! 만약 화살이 포물선을
그리며 날아가게 한다면?

좋아! 화살에 포탄을
매달아 버그를
터뜨려 보자.
응!
차라락

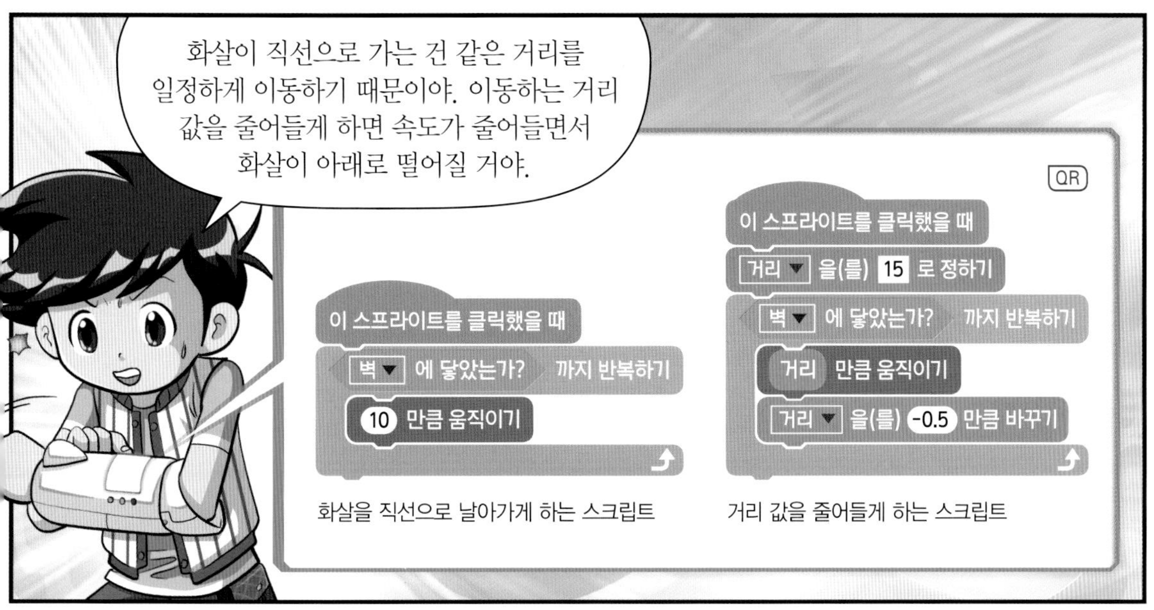
화살이 직선으로 가는 건 같은 거리를
일정하게 이동하기 때문이야. 이동하는 거리
값을 줄어들게 하면 속도가 줄어들면서
화살이 아래로 떨어질 거야.
QR
이 스프라이트를 클릭했을 때
벽 에 닿았는가? 까지 반복하기
10 만큼 움직이기
화살을 직선으로 날아가게 하는 스크립트
이 스프라이트를 클릭했을 때
거리 을(를) 15 로 정하기
벽 에 닿았는가? 까지 반복하기
거리 만큼 움직이기
거리 을(를) -0.5 만큼 바꾸기
거리 값을 줄어들게 하는 스크립트

피
융
스르륵
어? 화살이
되돌아와!
화악
좋아.
일단 한 번
쏴 볼게!
조심해야죠!
하마터면 엄지 님이
다칠 뻔했잖아요!
화살이 왜
되돌아왔지?
미안!
콰
앙
으악!
엄지 님!
위험합니다!
아얏!
거리의
값을 조정한 게
실수였어. 그래,
거리가 아니라 높이
값을 줄어들게
해야 해!

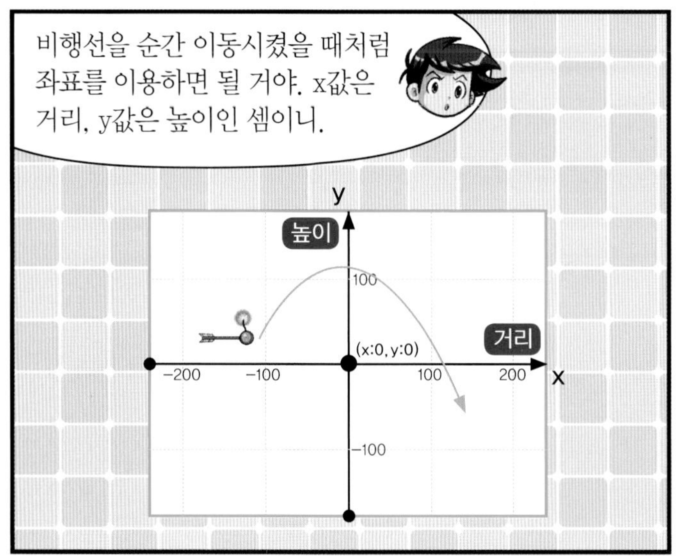
비행선을 순간 이동시켰을 때처럼 좌표를 이용하면 될 거야. x값은 거리, y값은 높이인 셈이니.
y
높이
100
(x:0, y:0)
거리
-200
-100
100
200
x
-100

x좌표의 값은 점점 늘어나게 하고, y좌표의 값은 늘어나다가 줄어들게 하면 되겠다.
슈우우

x좌표의 값은 5씩 일정하게 바꾸고, y좌표의 값은 높이 변수를 10에서 0.5씩 줄어들도록 넣어서 바꾸면 포물선을 그릴 거야.
QR
이 스프라이트를 클릭했을 때
x좌표를 x좌표 of 화살 (으)로 정하기
y좌표를 y좌표 of 화살 (으)로 정하기
높이 을(를) 10 로 정하기
벽 에 닿았는가? 까지 반복하기
x좌표를 5 만큼 바꾸기
y좌표를 높이 만큼 바꾸기
높이 을(를) 높이 - 0.5 로 정하기
삐
삐
삐

이제 다시 쏴 봐!
치이이
응!
심하세요!
챠악

슈우우웅
포물선을 그렸어!
피융
펑
됐다!

스르륵
저기 봐!
버그가 다시 모습을
드러냈어!
둥~!
빨리 화살을
쏴야 합니다!
알았어!

엄지야,
지금이야!
피융
간닷!

피이잉!
맞혀라!

퍼엉
아휴, 좀 짧았어!

거리랑 높이를 조금 수정했어.
응!
피잉

피이이잉

슈슈슉

슈슉
이번에는 맞히겠어!

됐다!

퍼어엉

버그가 터졌어!

드디어 꿈을 이루다

파아아아아

왜 이러지?
어떻게
된 거야?
쉬쉬쉬쉭

조용~
멈췄다!

두둥
둥실
이건 다음
스테이지의
문이잖아?
열쇠도
있습니다!
오호!

해냈어!
응?

가장 큰 문제였던 버그가 사라지며 모든 오류가 해결된 거야!
정말?

꼼지야! 그동안 정말 잘했어. 고마워!
고맙긴! 우리가 함께 해낸 거야.
….

잘됐습니다. 엄지 님이 기뻐하시는 모습을 보니 저도 몹시 기쁩니다.
척
호야!

호야한테 제일 고마워. 호야가 없었다면 너무 힘들었을 거야.
엄지 님!

내가 괜히
뭉클하네. 헤헷!

어?
스윽

코딩건이 사라졌어!
카드도 없어지고.
진짜?

왜 사라졌지?
음.

오류가 전부 수정되어서
코딩건도 초기화 됐나 봐.
이제 내가 여기 있는 것도
이상한 일이지, 뭐.
그런가?

이제 난 필요없겠다.

무슨 소리야? 우린 한 팀인데, 보물을 찾으러 끝까지 같이 가야지!
엄지 님 말씀이 맞습니다.
정말?
턱

끼
이
익
나머지 스테이지를 모두 클리어하면 보물을 찾게 될 거야!
출발!

괴물을 무찔러 주셔서 감사합니다!
시간의 광장 스테이지 클리어!

환상의 계곡 스테이지 클리어!
두
두
한 방에 쓰러뜨려 주겠어!
킹슬라임 스테이지 클리어!
우리가 해냈어!
모든 스테이지를 클리어하고 마침내 보물을 얻었습니다!

빵 빠라♪
코디니시아의 새 여왕께 경배하라!
빵 빵빵 빠라♪

엄지 여왕님 만세!
여왕님 만세!
여왕님 만세!
와아
짝
짝
짝
와아
와

축하해!
드디어 꿈을
이뤘네.
축하드립니다,
여왕님!
코디니시아의
보물이 왕관일 줄은
몰랐어. 내가 여왕이
되다니 꿈만 같아.

그런데 왜 이렇게
마음 한구석이
허전할까?
음~.

아직 완전한
엔딩이 아니라서
그럴 거야.
완전한 엔딩?

어…
엄지 님!
왜?

그게… 제 몸이
이상합니다!
웅
우웅
호야!

파
팟
으앗!

이럴 수가!
원래 내 모습으로
돌아오다니!
뭐?
쫘
앙

엄지 님, 사실
전 코디니시아의
왕자였습니다.
호야가
왕자였다고?

코디니시아를 지배하려는
사악한 마녀의 마법에 걸려
원숭이가 되었지요.
진심으로 원하는
꿈을 이루면 마법이
풀릴 것이다!
안 돼!
휘이익

그 이후, 저는 사람들을 피해
산에 숨어 살았습니다.
그런데 엄지 님은 아무 거리낌 없이
저를 친구로 삼아 주셨지요.
괴물이다!
잡아라!
흑흑
타
타
탁
나랑 같이
모험 떠날래?
엄지 님!

그때부터 전 목숨을 다해 엄지 님을
지키겠다고 다짐했어요. 이렇게 마법이
풀려 제 모습으로 돌아온 것도 모두
엄지 님 덕분입니다. 고맙습니다.
호야, 아니
왕자님…!
덥석

아! 그러면
코디니시아의 왕은
호야가 되어야지!

아뇨, 코디니시아의 보물을
찾은 엄지 님이 새 여왕이
되시는 것이 옳습니다.

갑자기
존댓말을
하시네.
아! 저에게
좋은 생각이
있어요.

저랑 결혼해서 우리 함께
코디니시아를 이끌어 가요!
엄지 님!

여왕님 만세!
왕자님 만세!
이게 진짜
엔딩이지.
헤헤!
와아
와아! 결혼
축하드립니다!
짝
짝
짝
와아

꼼지야,
네가 나를
만들었지?
어?

부족하지 않으면 아무도 도움을
줄 수 없잖아. 그래서 날 이렇게
평범하게 만든 거지?
엄지야….

내가 누구보다 특별하다는
말, 이제야 이해했어.
응.

부족하지만
특별하게 만들어
주셔서 감사해요.

나의
창조주님!
쿠울
쿠울

생활 곳곳에 녹아든 코딩

이 녀석, 대체 언제부터 여기서 이러고 있었던 거야?
쿠울
쿠울

이제 코디니시아와도 안녕이네. 과감하게 삭제해야겠다.
슥

어라?

어? 삼촌이 어떻게 여기 있어요?

설마…
그게 모두 꿈?
밤새 잠을
잔 거야?

죄송해요.
삼촌 도우려고 왔다
잠만 잤나 봐요.
흠.

대체 뭘 어떻게
한 거야?

버그가 사라졌어!
조금 더 수정하면
공모전에 출품할
수 있겠어!
정말요?
턱

4일 후
후유,
접수 성공!
삼촌,
축하드려요!

접수만 했는데
벌써 축하라니, 너무
기대하면 실망해.
분명히 상 받을
거예요! 재미는 제가
보장하니까요.

완성본은 못 봤으면서
꼭 게임을 다 해 본
것처럼 말하네?
히히, 끝까지
해 봤다고요. 비록
꿈에서였지만요.

제가 느낀 재미와
감동을 다른 사람들도
느낄 거예요!

위이이잉
어?

저 드론에도
프로그램이
들어 있죠?
위이잉
물론이지.

뭐 해?

클릭했을 때
무한 반복하기
만약 위쪽 화살표 키를 눌렀는가? 라면
y 좌표를 10 만큼 바꾸기
스크래치에서는 이런 식으로 코딩하면 되죠?
척
오~!

공부 좀 했나 본데?
헤헤!

음악 소리?

이 스프라이트를 클릭했을 때
박자 을(를) 0.5 로 정하기
55 번 음을 박자 박자로 연주하기
53 번 음을 박자 박자로 연주하기
52 번 음을 박자 박자로 연주하기
번 음을 박자 박자로 연주하기
Cafe Com Sa

클릭했을 때
펜 내리기
펜 굵기를 5 (으)로 정하기
펜 색깔을 (으)로 정하기
360 번 반복하기
1 만큼 움직이기
1 도 돌기
알록달록
블록 놀이터
저 원은….

CINEMA
Creative!
코딩을 배우니까 우리 생활 모든 게 코딩인 것 같아요.
맞아. 알고 보면 우리는 소프트웨어에 둘러싸여 살고 있어.
앞으로는 사물끼리 정보를 주고받는 사물 인터넷 시대가 활짝 열릴 거야. 눈이 오면 스마트폰이 정보를 모아 알아서 알람 시간을 앞당겨 주는 그런 시대 말이야. 멋지지 않아?

* 사물 인터넷 : Internet of Things(IoT). 사람과 사물 또는 사물과 사물이 인터넷을 통해 정보를 공유하는 기술을 말한다.

소프트웨어와 코딩의 미래

2달 후
삼촌! 삼촌!

벌써 10시라고요! 오늘 10시에 공모전 발표잖아요.
새벽부터 웬 난리야?
벌컥

벌떡
맞다!

후다닥
그래도 바지는 좀 입으시지.

어떻게 됐어요?
아!

대상?

수상자 발표 공고
대상 : 왕범근
금상 : 나두리
은상 : 김영표
동상 : 고지성

꼼지야,
대상이다,
대상이야!
와락
내가 뭐랬어요.
상 받는다고
했잖아요!

띠리링~♪
누구지?

네, 제가 왕범근입니다.
예? 알겠습니다.
누구예요?

옷부터 사러 가야겠는데? 수상식 때 방송국에서 촬영을 하는데, 내가 대표로 수상 소감을 발표해야 한대.
우아! 삼촌, TV에도 나오는 거예요?

며칠 후
대상 수상자 왕범근 씨의 수상 소감이 있겠습니다.

전국 프로그램 공모전 시상식
지금도 소프트웨어는 다양한 분야에서 쓰이고 있지만, 미래에는 그 비중이 더욱 커질 것입니다.

공기는 눈에 보이지 않지만 우리가 살아가는 데 꼭 필요하지요? 소프트웨어도 마찬가지입니다.

눈에 보이는 하드웨어와는 달리, 소프트웨어는 형태가 없지만 하드웨어를 움직이기 위해 꼭 필요합니다. 게다가 비용적인 면에서도 효율적이지요.
OIL
SD
?
하드웨어
소프트웨어

하드웨어는 똑같은 것을 만들려면 그만큼의 재료비가 더 든다.

자동차 1대

재료비 : 500만 원

자동차 4대

재료비 : 500만 원×4 = 2,000만 원

반면, 소프트웨어는 저장 장치 비용만 추가되기 때문에 개발 이후에는 추가 비용이 비교적 덜 든다.

SD

소프트웨어 1개

프로그램 값 : 500만 원
저장 장치 값 : 10,000원

SD
SD

소프트웨어 100개

프로그램 값 : 500만 원
저장 장치 값 : 10,000원×100 = 1,000,000원
총 600만 원

인터넷 같은 통신망을 이용해 전송하면 아무리 복제해 배포하더라도 더 이상 추가 비용이 들지 않는다.

AhnLab V3 365 Clinic
V3 프로그램 다운로드 수
5,297,758
서비스
PC주치의
PC 최적화

그렇다고 제품 전체 비용에서 소프트웨어가 차지하는 비용이 결코 적은 건 아닙니다. 마이크로소프트 사의 대표인 빌 게이츠가 괜히 세계 최고 부자인 게 아니지요.
하
하
하
하

빌 게이츠

소프트웨어 회사인 마이크로소프트(MS) 사의 창업자이다. 운영 체제인 '윈도우즈(Windows)' 시리즈를 출시해 퍼스널컴퓨터(PC) 사용을 확산시키며 세계 컴퓨터 시장을 선도했다. 36세 때인 1992년, 미국 경제 잡지 〈포브스〉의 백만장자 서열 1위에 오른 이후, 줄곧 세계의 부자로 손꼽힌다.

우아, 삼촌이 저렇게 말을 잘했나?

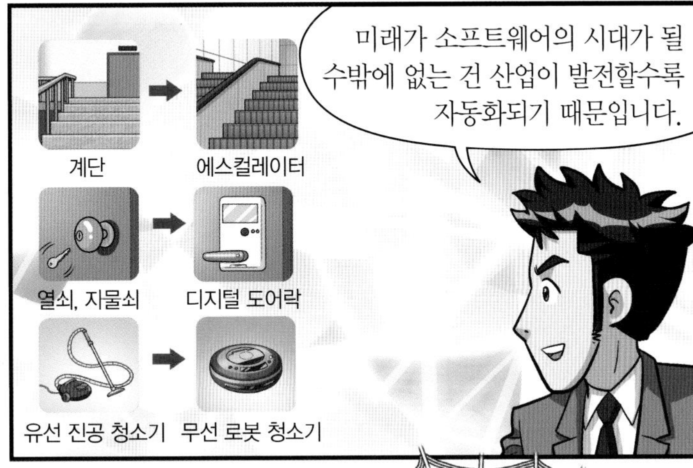
미래가 소프트웨어의 시대가 될 수밖에 없는 건 산업이 발전할수록 자동화되기 때문입니다.
계단
에스컬레이터
열쇠, 자물쇠
디지털 도어락
유선 진공 청소기
무선 로봇 청소기

즉, 미래에는 소프트웨어가 더 중요해지고, 소프트웨어를 만드는 프로그래머들이 세상의 변화를 이끄는 시대가 될 것입니다!
소프트웨어 만세! 프로그래머 만세!
짝
짝
짝
짝

소감 잘 들었습니다.
앞으로의 목표는
무엇입니까?

많은 사람들이 코딩을
배울 수 있도록 소프트웨어
교육을 위한 회사를
설립하고 싶습니다.

그리고 꼭 만들고 싶은
프로그램이 있습니다.
뭐죠?

사람의 두뇌에
가까운 인공 지능
프로그램입니다!

인공 지능(AI)

컴퓨터가 인간처럼 생각하고 학습하고 판단하여 스스로 행동하도록 만드는 기술이다. 지문, 동작 등을 인식해 작동하는 전기밥솥, 로봇 청소기 같은 제품에서부터, 세계 체스 챔피언을 이긴 컴퓨터, 음성을 알아듣고 메시지를 보내는 핸드폰, 취향에 맞는 영화를 추천하는 어플, 증권 기사를 작성하는 자동 작성 프로그램까지, 인공 지능을 활용하려는 시도가 활발하게 이루어지고 있다.
하지만 아직까지는 정해진 상황에서 저장된 정보를 바탕으로 작업을 수행하는 정도의 인공 지능 단계이다. 더 발전된 인공 지능이라면 문제 상황을 이해하고 원인을 분석해 스스로 해결책을 제시하며, 나아가 주관적인 감정과 의견을 표현할 수 있어야 한다.

어서 오세요.
좋은 시간 보내시기
바랍니다.
매번 똑같은
말만 하네.

그럼 튜링 테스트 통과를
목표로 하시겠군요.
네, 그것이 1차
목표입니다.
튜링
테스트?
?

자, 대상
수상자 왕범근
프로그래머에게
박수 부탁
드립니다.
짝
짝
짝
짝

삼촌 정말
멋있었어요. 제가 다
으쓱하더라고요.
그랬어? 다른 말은
잘 못해도 소프트웨어에
관한 건 자신 있지.

그런데 튜링
테스트가
뭐예요?
인공 지능을
테스트하는
하나의 심사
기준이야.
?

튜링 테스트는 영국의 수학자 '앨런 튜링'이 처음 고안한 인공 지능 판별 방식이다.
컴퓨터가 스스로
생각할 수 있는지는
대화해 보면 알지.
앨런 튜링
(1912~1954년)

현재 일반적으로 쓰이는 방식은 어떠한 대상에게 말을 걸어서 그가 사람인지 컴퓨터인지를 가려내는 것이다.
당신은 어느
나라 사람이죠?
타
타
닥

심사자는 서로 보이지 않는 공간에서 사람과 컴퓨터와 각각 대화를 나눈다.
미국 사람이고 애리조나 주에 살아요.
전 대한민국 사람이에요. 서울에 살지요.
1
2

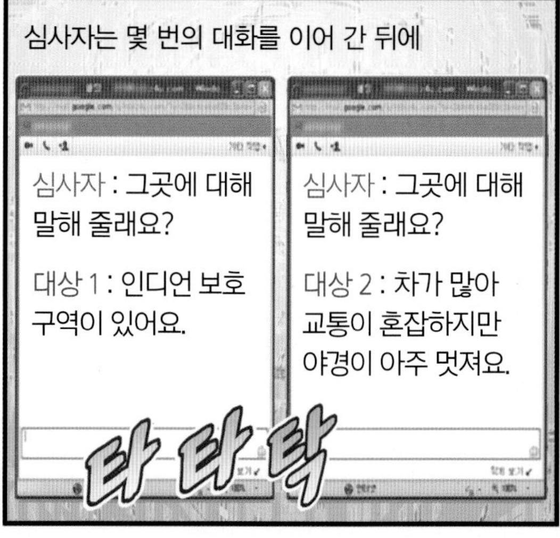
심사자는 몇 번의 대화를 이어 간 뒤에
심사자 : 그곳에 대해 말해 줄래요?
대상 1 : 인디언 보호 구역이 있어요.
심사자 : 그곳에 대해 말해 줄래요?
대상 2 : 차가 많아 교통이 혼잡하지만 야경이 아주 멋져요.
타 타 탁

더 자연스럽게 대화를 나눈 쪽을 사람이라고 꼽는데,
이런 대답을 하는 건 사람이 분명해.

선택한 사람이 실제로는 사람이 아니라 컴퓨터라면 그 컴퓨터는 인공 지능을 지녔다고 할 수 있다.
컴퓨터였다고? 난 사람과 대화하는 줄 알았는데!

최초로 튜링 테스트를 통과한 프로그램

1950년, 앨런 튜링이 발표한 〈기계도 생각할 수 있을까?〉라는 논문에서 시작된 튜링 테스트는 60여 년이 지나도록 통과하는 프로그램이 없었다. 그러던 2014년 6월, '유진 구스트만(Eugene Goostman)'이라는 프로그램이 최초로 테스트를 통과했다. 30명의 심사 위원 중 10명의 심사 위원이 사람과 컴퓨터를 구분하지 못한 것이다. 비록 영어가 모국어가 아닌, 우크라이나에 사는 13세 소년으로 설정하고 테스트했지만 튜링 테스트의 벽을 허물었다는 데 의의가 있다.

하지만 튜링 테스트는 현재의 인공 지능을 판별하는 기준으로는 적합하지 않다는 주장도 있다. 앞으로의 인공 지능 프로그램들은 지적인 논리를 뛰어넘어 이야기의 맥락과 뉘앙스까지도 이해할 수 있어야 한다는 것이다.

유진 구스트만 채팅 시작 화면

아무리 발전해도 프로그램이 사람의 지능을 따라올 수 있을까요?
너처럼 생각하는 사람들도 많아.

사람이라고 착각할 정도로 대화를 나누는 것도, 결국은 사람이 미리 입력한 대로 말하는 거니까.
'오늘 날씨 좋죠?'라는 질문에 '최고네요.'보다 '훌쩍 여행이라도 떠나고 싶은 날씨네요.'라고 하면 더 인간적이겠지?
타 타 탁

하지만 난 프로그램이 스스로 학습할 수만 있다면 인공 지능이 충분히 가능하다고 봐.
학습요?

그래. 사람도 아기일 때는 할 수 있는 일이 별로 없지만
아이고, 어지를 줄만 알지.

배우면 배울수록 똑똑해져서 다양한 일들을 해낼 수 있잖아? 프로그램도 람처럼 학습할 수 있어. 이걸 머신 러닝이라고 해.

* 머신 러닝 : machine learning. 기계 학습이라는 뜻으로, 컴퓨터가 방대한 데이터를 분석하고 학습해 새로운 데이터가 들어왔을 때 결과를 예측하는 기술을 말한다.

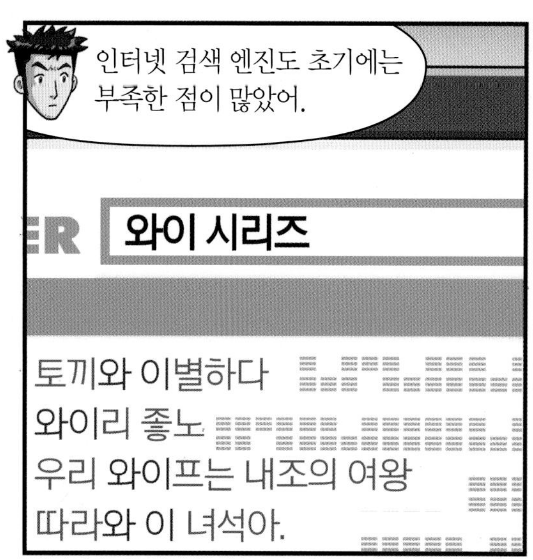
인터넷 검색 엔진도 초기에는
부족한 점이 많았어.
와이 시리즈
토끼와 이별하다
와이리 좋노
우리 와이프는 내조의 여왕
따라와 이 녀석아.

그런데 이용자들로부터 얻은
선호도와 검색 패턴 등의 정보를
적용해서 점점 정확하고
빨라졌어. 똑똑해진 거지.
그렇구나.

게다가 사람의 기억력은
한계가 있지만, 컴퓨터의 정보
저장 능력은 거의 무한하잖아.
어제 배운 게
생각이 안 나!
10년 전 오늘
자료를 꺼내 볼까?
아, 여기 있군!
삐삑

두근
두근
그럼
꿈에서처럼
엄지와 얘기할 수
있는 프로그램도
만들 수 있을까?

인공 지능 프로그램
만드는 일, 저도 같이
하고 싶어요! 저 정말
열심히 할게요!
그래.

다시 만난 엄지

10년 후
한국에서 만든 인공 지능 프로그램이 튜링 테스트의 진보형인 리얼 튜링 테스트를 통과했습니다.
KING SOFT

이 역사적인 업적은 왕소프트의 대표 왕범근 박사와 수석 프로그래머 왕꼼지 박사가 이루었습니다. 이들은 삼촌과 조카로….
짝
짝
짝
짝

10년 전에 네가 인공 지능 프로그램을 만들고 싶다고 했을 때, 사실 반신반의했어. 그런데 결국 이렇게 해냈네.
이게 다 삼촌 덕분이죠.

그렇게나 열심히 매달린 이유가 혹시….

삼촌, 저 먼저 가 볼게요.
위
그래.
이잉

드디어
이 날이 왔어.
게임 속으로
가는 날이!
우우웅
우웅
척

삐삐삑

스윽

10년 전
꿈에서 깨어난 그때,
난 다시는 너희를
만날 수 없을 거라고
생각했지.
우웅
하지만 1%의
가능성이라도
있다면 포기하지 말고
도전하라는 말이
생각났어.
우우웅
척

그래서 난
포기하지 않고
여기까지 올 수
있었어.
파아앗

정말 보고 싶었어. 나의 친구 엄지, 호야!
꼼지야, 보고 싶었어. 이번 모험도 우리 같이할 거지?
어서 오세요, 꼼지 님. 그래도 엄지 님한테 너무 친한 척하진 마세요.

PHOTO CREDIT

12p 윈도우(Windows 10) 화면 ©Microsoft / **15p** 에니악 ©U.S. Army, 에드삭 ©Cambridge University / **21p** 데니스 리치 ©Ricardoborges / **22p** 구글 번역 화면 ©Google / **42p** 스크래치 프로그램 화면 ©Lifelong Kindergarten Group / **49p** 이스터 에그 ©Google / **52p** 게임 〈스타크래프트〉의 맵 에디터 화면 ©Stormcoast Fortress / **53p** 스크립트 화면 ©Lifelong Kindergarten Group / **100p** 게임 〈Next Car Game 3〉의 장면 ©Bugbear Entertainment / **151p** 빌 게이츠 ©Masaru Kamikura / **154p** 유진 구스트만 화면 ©Vladimir Veselov, Eugene Demczenko

그 외 123RF, 예림당